新疆农业大学农林经济管理学科

2023年度新时代党的治疆方略理论与实践研究课题
（项目编号：2023ZJFLD09）
新疆维吾尔自治区自然科学基金青年项目
（项目编号：2022D01A82）

数据要素驱动
农村经济发展的研究
——以新疆为例

张梦醒◎著

RESEARCH ON RURAL ECONOMIC
DEVELOPMENT DRIVEN BY
DATA ELEMENTS:
A CASE STUDY OF XINJIANG

经济管理出版社
ECONOMY & MANAGEMENT PUBLISHING HOUSE

图书在版编目（CIP）数据

数据要素驱动农村经济发展的研究：以新疆为例/张梦醒著 . —北京：经济管理出版社，2024.2

ISBN 978-7-5096-9617-0

Ⅰ.①数…　Ⅱ.①张…　Ⅲ.①农村经济发展—研究—新疆　Ⅳ.①F327.45

中国国家版本馆 CIP 数据核字（2024）第 051733 号

组稿编辑：郭　飞
责任编辑：郭　飞
责任印制：许　艳
责任校对：陈　颖

出版发行：经济管理出版社
　　　　　（北京市海淀区北蜂窝 8 号中雅大厦 A 座 11 层　100038）
网　　址：www. E-mp. com. cn
电　　话：（010）51915602
印　　刷：唐山玺诚印务有限公司
经　　销：新华书店
开　　本：720mm×1000mm/16
印　　张：12. 25
字　　数：169 千字
版　　次：2024 年 2 月第 1 版　　2024 年 2 月第 1 次印刷
书　　号：ISBN 978-7-5096-9617-0
定　　价：88. 00 元

前　言

新经济时代的生产要素已经不局限于传统的劳动、资本和土地，数据已然成为数字经济的核心生产要素。从生产过程和价值创造来看，数据不仅具备了传统生产要素所具备的功能，而且具有区别于传统生产要素的新特征。数据作为一种新型生产要素，对于农村经济发展具有关键作用。基于此，确定了本书的研究内容及理论框架。本书以新疆 42 个县市作为研究区域，确定研究内容及研究方法，根据学者们对数据要素、数据资源等概念内涵及特征的表述来定义数据要素、数据资源等相关概念，此外还梳理了资源配置理论、区域经济发展等相关理论。首先，在相关理论基础上构建了新疆数据要素驱动农村经济发展的理论框架，构建数据要素驱动农村经济发展的作用机理主要从生产领域和流通领域两个方面着手，接着运用"木桶原理"推演数据要素和传统要素融合的过程，通过数据要素与其他要素分离、部分融合和全部融合的三个阶段来实现数据要素和劳动力要素、技术要素、资金要素协同发展，并提出两个假设，其中一个是数据要素对农村经济发展具有驱动作用，另一个是数据要素和人才、技术、资金要素可以协同发展且存在溢出效应。其次，通过对新疆整体区域的自然、社会和经济发展情况进行分析，阐明数据要素应用的背景条件；通过选取 42 个县市（实地调研 29 个县市）的数据进行分析，综合了解新疆整体的数据要素应用现状。另外，通过相关报告数据、调研数据从多个角度对新疆数据要素应用情况进行描述性分析。最后，本书通过构建评价数据要素指数来评价新疆及各地州市数据要素应用水平，结果发现新疆 14 个地州市在数据要素应用方面存在异质性且 42 个县市之间也存在差异，故研究新疆数据要素应用对促进农村经济发展具有现实意义。

数据要素对人才、技术、资金要素是否存在溢出效应？基于这样的假设进行实证分析。本书选择农村劳动力、农业机械动力和农业基础设施投入资金作为被解释变量。选择农业产出作为控制变量，通过空间自相关验证数据要素、劳动力、技术和资金要素均具有地区异质性，运用空间计量分析发现数据要素对劳动力、技术和资金要素具有溢出效应，数据要素对劳动力（农村劳动力）、资金要素（农业基础设施投入资金）具有显著的促进作用，但是对技术（农业机械动力）具有抑制作用。通过异质性分析发现数据要素对政策扶持少的县市的劳动力、资金要素的溢出效应要远远大于政策扶持多的县市，说明数据要素对政策扶持少的县市的要素配置作用效果更加显著，说明政策扶持少的县市可以借助数据要素对其他要素进行协同发展，实现"后来者居上"，此外通过稳健性检验结果几乎保持一致。数据要素到底对新疆农村经济发展是否具有驱动作用？本书通过构建新疆农村经济发展水平指标体系，采用农村经济发展水平指数作为被解释变量，数据要素指数作为解释变量，选择政府干预程度、区域工业化水平和金融发展水平作为控制变量。首先进行空间自相关分析，然后基于检验结果选择空间杜宾模型的时间固定效应，结果显示数据要素对新疆农村经济发展具有促进作用，同时具有显著的正向溢出效应，此外控制变量中政府干预程度对农村经济发展呈现显著的正向溢出效应，异质性检验通过替换解释变量和替换空间矩阵的方式发现结果基本一致。那么新疆的数据要素驱动农村经济发展有没有典型的模式呢？本书通过整理在调研过程中的典型案例和政府官网发布的典型数字农业、智慧农业等数据要素应用于农业各种形态的案例，总结出新疆 29 个县市在农村经济发展中数据要素应用的 6 种模式，分析其形成背景、主要特点、取得成效和存在问题，为新疆其他县市提高数据要素应用水平提供可参考的范本。

本书的最后根据理论分析和实证结果中数据要素应用于农村经济发展中存在的各类问题，从制度建立、技术保障、人才培养、平台建设、数字农业机械等多个维度为数据要素驱动新疆农村经济发展提出政策与措施，指出了本书研究的不足并进行了展望。

目　录

第1章　绪论

本章是本书思路和撰写过程的阐述。其中包括问题提出的研究背景、研究目标、研究内容、研究方法及技术路线等。

1.1　研究背景及研究意义

1.1.1　研究背景

2010 年以后，各国主要经济体逐渐将数据相关技术与产业发展的问题上升到国家战略层面。数据规模和相应的数据分析、计算能力，目前已经成为一个国家的综合竞争力的一种重要体现。2012 年，美国政府宣布投资 2 亿美元启动"大数据研究和发展计划"，以应对大数据革命带来的机遇，推进相关研究机构进一步进行科学发现、创新研究和商业转化。此外，2019 年，美国政府提出《联邦数据战略与 2020 年行动计划》，将数据上升到战略层次。

2020 年，欧盟委员会公布了一系列围绕数据资源的发展规划，包括《欧洲数据战略》等多份文件，详细提出了实现数据经济的政策和措施以及构建一个真正的欧洲数据统一市场的发展目标。由此可见，数字经济作为一种新的社会经济发展形态，其核心是数据要素，这其中不容忽视的是数据要素应用于农村经济发展。当前数据要素应用于农村经济发展存在以下特点：一是国家政策扶持的力度逐渐增强。随着《数字乡村发展战略纲要》《"十四五"数字经济发展规划》等一系列文件的出台，说明国家已经从战略层面考虑数据要素的作用价值，同时数字化生产力成为带动和提升农村经济快速发展的新型动力，在信息技术空前活跃的背景下，催生出农村经济依托网络、数据、技术等新要素发展的内生动力。二是基础设施的不断完善。随着数据要素的广泛应用，推动传统农村经济发展的"软硬件"实现了升级换代，如电商平台的扩建、基站的扩容、流通渠道模式的创新等。三是数字技术的不断提升。数据作为一种生产要素介入经济体系，具有边际成本极低的特点，在推动产业升级和经济增长方面发挥关键作用，数字技术作为数据要素应用的载体，更是实现了贯穿农村经济发展的生产领域和流通领域。

数据要素可以实现用更少的土地、更节约的生产资料和人力投入生产出更多高品质的农产品，同时实现农产品在市场流通更畅通、农产品价格更加合理。但是数据要素应用于农村经济发展还存在一定的问题：一是数据要素投入不足。对于农村经济发展，数据要素的投入还远远不够，前期基础设施需要大量的资金投入。二是数据的互联互通渠道不畅通。相关部门互通性不够，导致数据的协同作用能力不足，数据共享性差，难以实现数据要素发挥最大作用。三是数字技术应用在农村的经济发展体系发展相对滞后。在农村经济发展生产领域、流通领域的全程还未实现闭环的数字技术应用，而现有的平台、系统的整体分析能力还不健全，同时存在较多同质性的平台、系统。

借助数字技术和农业信息技术的推广使用，使得数据要素的应用更加广泛地深入到农业农村领域，通过数据要素和传统生产要素融合的方式促进农村经济发展的生产领域、流通领域发生重大变革，实现农村经济发展中生产要素配置更加优化、农村流通市场更加完善、农产品电商新业态模式更加多样等，更是成为推动一二三产业融合发展、解决农村经济发展瓶颈、改善农民生活的重要动力。那么数据要素驱动农村经济发展是否具有一致性？是否对每个地区的作用都相同？《县域数字乡村指数》（2018~2020 年）显示，数据要素应用农村经济发展存在一定的差异性，东北、西北地区的数字乡村水平较低，西北地区更是存在数字化基础设施不完善、数字信息人才缺乏、数据要素市场不健全等现实情况，说明数据要素应用对农村经济发展的作用存在异质性。作为农业发展大省的新疆，是否存在上述问题？基于此，本书分析新疆的数据要素利用现状，从理论和实践出发分析数据要素驱动新疆农村经济发展的理论机制及实践意义，并根据结论力图寻求适合新疆利用数据要素驱动农村经济发展的对策建议。

1.1.2　研究意义

1.1.2.1　理论意义

数据要素的利用可以实现农业生产要素的优化组合、高效配置，促进农业生产效率和农产品流通效率的提升，这与促进农村经济发展的内在理论高度契合，同时也是解决"三农"问题的动力来源。通过对数据资源、数据要素和数字技术的概念界定、特征分析，以及对数据要素驱动农村经济发展的机理构建，有助于完善数据要素理论研究体系，进一步了解数据要素应用的发展走向与重点突破，进而有助于搭建数据要素驱动农村经济发展理论分析框架，丰富并完善了数据要素理论体系，为数据要素驱动农村的经济发展奠定了更为稳固的理论基础。

1.1.2.2 实践意义

数据要素驱动新疆农村经济发展研究的理论作用分为两个方面：一是通过对新疆农村经济发展中数据要素应用情况进行分析，可以了解新疆数据要素应用方面的现状情况，通过对新疆 29 个县市的数据分析，提出可行性的政策措施。二是通过运用计量模型，实证检验了数据要素对新疆农村经济发展的作用效果评价，充分论证了数据要素在新疆农村经济发展的重要作用，可为应用数据要素、推动新疆农村经济发展提供有效的政策供给，也为欠发达地区数据要素应用促进农村经济发展提供可借鉴的决策参考。

1.2 文献综述

数据作为数字经济时代的核心与支撑，为农业、农村、农民的生产、生活带来了前所未有的变革。关于数据要素应用于生产的研究大多数集中在数字技术推广方面，大部分学者研究数字经济与工业、贸易和企业经济的融合发展，只有少部分学者致力于研究数据要素对农村经济发展的影响。基于此，本部分力求将数据要素应用对农村经济发展的相关研究进行阐述，全方位了解其发展情况，寻找理论上的支持。

1.2.1 关于信息对经济发展影响的研究

信息发展对经济发展提升具有重大的作用，特别是对人民生活、工业化发展及产业结构调整都具有重要意义，靖继鹏和马哲明（2003）研究认为，信息作为现代经济社会发展的根基，是一种极端重要的资源，蕴含着无法估量的财富。王济昌（2006）研究认为，信息化是以现代通信、网络、数据库（数据资源）技术为基础，有利于提高农业生产行为效率。同时也有一些学者发现信息化发展的过程中存在一定的弊端。许竹青等（2013）研究认为，有效的信息供给能使农民准确获得市场信息，有利于农民实现跨越"数字鸿沟"享受"信息红利"，促进农村经济快速发展。李希明等（2003）研究认为，"信息孤岛"问题实质上就是数字资源（数据资源）问题，因此只有进行和加强数字资源（数据资源）的整合才能有效地消除"信息孤岛"。

1.2.2 关于数字经济对经济发展影响的研究

第一，关于数字经济的概念界定和基本特征的研究。随着数字时代的到来，数字经济推动着社会各行各业发生重大变革，数字经济作为一种新型的经济模式，是延续农业经济、工业经济之后的一种经济形态，不同于以往的经济发展模式，更显著的是信息技术应用于经济发展的方式，数字经济逐渐引领新一轮技术革命与产业革命，加快推进数字经济发展关系到一个国家能否把握新一轮基于科技革命和产业变革新机遇。杨文溥（2021）研究发现，数字化有利于推动地区新产业、新业态和新模式的快速兴起，同时伴随数字经济的快速发展，区域信息的鸿沟随之降低。

第二，关于数字经济基础设施建设方面的研究。数字经济的发展是基于互联网平台的建设，它以现代信息网络为主要载体来配置各类资源，与传统的经济模式天差地别。杨新铭（2017）研究发现，现代信息网络优化了传统盈利模式，因其独特的资源配置方式及更充分的市场竞争方式，使数字技术与实体经济深度融合，赋能传统第一产业、第二产业、第三产业转型升级。陈晓红等（2022）研究发现，数字经济高质量发展过程中具有地基作用的是信息基础设施，而信息基础设施的作用不容忽视，是随着数字产业化产生的。徐振剑等（2023）研究发现，中国城市数字化水平大相径庭，特别是东西部地区的悬殊较大。通过定性、定量分析数字经济发展的影响因素，许多学者研究发现高技能劳动力、政策支持、技术水平提升、基础设施完善能有效促进数字经济的快速发展。寇爽（2021）研究发现，通过改善农村基础信息设施建设、提升农业信息技术能促进数字经济与农业经济的融合发展。

第三，对我国不同产业发展中的数字经济问题进行了探讨。数字经济可以将传统劳动密集型和重工业型的工业结构转变成高科技和环境友好型的工业结构，是促进国家工业结构迈向中高端的一个关键因素。赵西三（2017）研究认为，与第一产业、第三产业相比，第二产业中的制造业才是数字经济发展的主要方向，是解决我国制造业转型升级"痛点"的关键所在。裴莹和郭周明（2019）研究认为，随着数字经济的发展，中小企业可以通过提升其在产业链中的地位，从而打破"低端锁定"的局面。田野等（2022）采用熵值法测度乡村产业和数字经济的发展水平，实证验证了数字经济对乡村振兴中的产业振兴具有正向显著作用。曲甜和黄蔓雯（2021）用案例分析法验证了数字经济发展对农村经济发展具有促进作用。

第四，关于数字经济区域异质性的研究。潘雅茹和龙理敏（2023）实证验证了从技术和资源配置角度可以间接驱动数字经济促进实体经济的发展质量。在数字经济的发展中有着不同的地域特点，因此，人们对数字经济的空间模式进行了深入的研究和分析，任保平和贺海峰（2023）研究发现，数字经济的发展可以明显提高一个地区的发展程度，因此，必须增强一些落后地区的数字经济发展基础。

1.2.3 关于数据要素概念及特征的研究

生产要素是指开展社会生产经营活动所需要的一切必要的资源和环境条

件，它们的具体形态与主次顺序会随着经济的发展而持续变化。传统的经济理论将资源与劳动力视为最基本的生产要素，这里的资源指的是"物"，如自然资源、土地、能源等；劳动力是"人"的要素，人类利用不断进步的技术将"地球的馈赠"转化为供人类使用的商品和服务。因此，过去的生产要素市场包括土地、劳动力、资本、技术市场。在新兴技术作用之下，数据经过资产化和价值化后形成的大数据呈指数型增长，使数据满足"关键生产要素"的基本条件：成本递减、供给增加与应用普及。其不仅是企业重要的战略性资产，同时显著提升了其他生产要素的利用效率，与其他要素一同参与到经济价值创造过程中，成为具有多重价值的生产资料。数据是指任何以电子或者其他方式对信息的记录，该定义仅从技术层面进行了考量，而数据真正产生价值是在其与社会经济活动相结合时。中国信息通信研究院（2022）给出的数据要素定义是：通过电子方式记录参与生产经营活动，为参与者带来收益的数据资源。李海舰和赵丽（2021）以数据要素特征分析作为切入点，以理论机制、运行机制和价值形态演进过程分析数据作为生产要素的特征。可以发现，学术界对于数据要素概念的讨论并不充分，目前两种定义的区别主要是数据要素的定位落脚于数据资源还是生产要素。首先，数据资源在当今社会中的作用越来越重要，成为了生产要素之一，但数据资源的稀缺性也引起了人们的关注。数据资源的有限性是相对而言的，表现为数据的多栖性及数字化处理转化为信息后才能成为可利用的生产要素。这意味着数据资源的有限性不仅来自数据本身，还来自数字化处理的能力。其次，数据是一种重要的生产因素，与其他要素之间没有相互替代性，在生产过程中，数据资源的作用与其他要素的作用不同，是一种不可或缺的生产要素。在当今数字化时代，数据量的增长速度非常快，但仅仅拥有大量的数据并不能成为生产要素，数据要想变成一个生产因素，不在于所掌握的数据数量，而在于对数据的收集能力、储存能力、计算能力、分析能力、开发利用能力和智能化能力，就是要把大量的数据转化为可以用于决策判断、预测分析的信息，否则就算数据量再大，不仅不会变成资源，反而还会因存储数据花费海量成本变成负资源或负资产。易宪容等（2019）提出，数据作为一种生产因素，能够推动一国经济的发展。通过数字化处理，数据可以被转换为信息，而信息可以被进一步转换为价值。李晓华（2019）认为，以"数据"为主要动力的新经济模式与新行业发展模式在国家政策话语体系背景下得以体现。简而言之，就是"新兴数字技术+实体企业"，蕴含产业融合、创新驱动、新经济形态特征。魏远山（2021）研究认为，进入大数据时代后，个人信息和数据价值日益凸显，对数据红利的角逐加速了数据产业发展，使数据完成了向数据要素的跃迁。与传统要素的有限性相比，数据要素呈现出海量、公平、开放的新特性，而且还会在生产过程中继续增加、膨胀。随着大数据、人工智能等技术的不断发展，人们对数据的利用已经渗透到了社会的各个生产环节。

1.2.4 关于数据要素驱动经济增长的研究

随着数据对产业发展、经济增长的影响，大数据技术与人工智能的发展对数据的利用也贯穿于整个生产过程中。殷浩栋等（2020）认为，数字化转型是当前农业农村必然的发展方向。

第一，国外关于数据要素驱动经济增长的研究。Goldfar 和 Tucker（2019）研究发现，数据要素的运用展现出无与伦比的高效生产效率，能更加精准地为消费者提供产品或者服务。Jones 和 Tonetti（2020）研究发现，在传统信息技术应用与数据收集与人工智能基础上，手机普及率、互联网的广泛使用率也成为评估数据要素的重要指标。Sidorov 和 Senchenko（2020）认为，数字经济发展水平的重要指标，是通过评估不同地区数字经济发展水平的综合指数，来验证数据可用性在数字经济发展过程中的作用。Liu（2019）研究表明，在先进经济体中，对大数据的分析也变得日益重要。Hannila 等（2022）研究发现，数据驱动的思维模式和文化创新对企业产业升级、企业管理的作用日益增长。Ji-fanRen 等（2017）研究发现，随着大数据的发展，数据在收集和使用过程中起到重要作用。Lim 等（2018）研究发现，数据要素成为数据创造价值的关键，数据通过数字展示的表现形式，在生产过程中被广泛应用并带来社会利益。简而言之，Qu 等（2017）研究发现，在数字技术提升的前提下，数据资源的利用是无限循环的。Li（2017）认为数据是构成数字经济的基本因素，也是一种新的经济发展驱动力。

第二，国内关于数据要素驱动经济增长的研究。曲永义研究发现要素投入的增加带来了产出的增长，而数据也成为了一种可以在生产、流通、消费等各个方面发挥自身作用的生产要素，因为数据要素的外溢和渗透性，可以与其他要素相互影响，在提升数字经济规模的同时，还能提高土地、劳动力和资本等传统要素的边际收益率（杜丽娟，2023）。宁朝山（2021）认为，数据要素具有低边际成本、易复制性、非损耗等优势，当数据要素进入生产过程中时，可以突破传统资源约束和增长极限，推动生产可能性曲线向外扩展，并推动数字经济实现非线性增长。郭晗和廉玉妍（2020）认为，在高质量发展时期，数据作为一种新兴的生产因素，在中国数字经济发展过程中发挥着越来越大的作用。张于喆（2018）认为，数据在对传统行业产生影响的同时，也会产生新的机会，从而产生更多的生产潜能。聂进（2010）认为，数据因素虽然不能取代每家企业而单独存在，但却能作为一种有效工具促进企业实施有效决策，并切实提高企业的劳动效率。刘玉奇和王强（2019）认为，要实现数据的有效利用，就必须要有一种通用的生产技术条件，通过数字世界将物质与精神世界链接起来。王欣（2010）总结了信息技术与经济发展的关系，将信息技术与经济发展的关系划分为三个层次，分别为信息技术资本的深化、信息部门 TFP 的提升以及其他部门的生产率的提升。温涛和陈一明（2020）对农业发展的各个时期的支撑动能进行了分析，结果表明，支撑动能的实现途径与条件各不相同，且呈现出了各种形式。并认为数据可以作为一种主要的生产要素，将会成为未来经济发展新的增长点。彭继增等（2019）研究发现，信息化与数字化已经作为一种全新的要素投入到生产的各个环节中，成为推进地区产业发展形式和模式的新动能。左鹏飞和陈静（2021）研究发现，随着数字技术在经济社会各个领域的渗透与应用，以及数字化产业和产业数字化不断深入发展，数据要素大量积累并能够创造价值，从而使数据的价值得以体现，这样数据就变成了支持数字经济发展的重要因素。

1.2.5 关于数据要素驱动农村经济发展的研究

2019 年，《数字乡村发展战略纲要》提出要充分利用数字技术，以多方面的优势来推动农村经济的发展。数据资源作为一种公共资源，相对于每个需要使用的个体来说是相对公平的，在原始的土地、资本、劳动力与技术要素的不断积累下，农村经济发展也呈现出不断增长的趋势，然而，在"双循环"格局和"数字农村建设"等背景下，作为新型生产力的数据要素发挥了非常重要的作用，而数据要素作为数据资源利用的重要评价指标，也从侧面反映出数据资源的利用也将成为农村经济发展的新鲜活力。费方域等（2018）认为大数据与其他生产要素并无本质区别，研究发现，大数据在农业领域发挥着越来越重要的作用，随着农业信息技术的进步和渗透，农业数字经济迅速发展，农业生产效率和发展快速提升。与此同时，随着乡村网络基础设施的持续普及以及信息产业的迅速发展，农业农村领域的数字技术信息的红利已经迅速扩散。

易宪容等（2019）认为，数据是一种不能与其他生产要素互相替换的要素。数据的广泛运用，可以使农业生产更加智能化、精准化，可以提高农产品质量和产量。同时，数据的应用还能够推动农业产业升级，增加农业附加值，提高农民收入水平。在农村电商、农业金融等领域，数据也发挥着越来越重要的作用。数据的运用不仅可以促进农业的发展，还可以带来更多的社会效益。目前，数字化、信息化技术正积极地赋能国内农业产业。杨宝珍和吴旻倩（2021）认为，国内互联网企业陆续在数字农业领域布局，大力促进数字农业应用创新和技术创新，比如无人机植保、数据平台服务、精细化作业和农机自动驾驶等。目前数字农业已经被运用在种植和养殖领域中，为农业生产经营者提供智慧化解决方案。

1.2.6　关于数据要素驱动农村经济发展的困境研究

数字基础设施成为不可或缺的新型生产要素。随着信息化、大数据时代的到来，数据在生产经营中的地位越来越重要，但是"数据孤岛"和"数据烟囱"现象普遍，存在行业壁垒、地域壁垒、条块分割形成的"数据孤岛""数据烟囱"阻碍数据自由流动和开放共享。尹振涛等（2022）认为，数据要素往往首先在互联网平台企业积累，由于平台的规模效应、网络效应以及数据体量与算法算力的紧密关系，平台企业对于数据要素具有天然的垄断倾向。熊巧琴和汤珂（2021）认为，掌握数据要素资源的数字平台企业往往以接口准入、运营规则和评级等"数字化之手"取代"无形之手"，数据要素市场还存在着数据确权、隐私保护、"数据孤岛"以及数据交易机制等问题。数据垄断主要体现在算法控制、价格操控、合谋协议、客户挟持、过度并购等方面。因此，如果将数据定义为生产要素，就要明确数据的经济属性，如数据产权、数据资产、数据交易等，这是数字经济理论需要回答的核心问题，并在此基础上探讨其法律规范。赵新伟和王琦（2021）研究发现，我国农业领域整体的基础设施建设仍然不容乐观，数字农业农村建设和发展面临着多个方面的挑战。大部分农村地区未能建成针对性强、高效率、能够与本地实际相结合的农业信息服务平台，未能广泛采集和有效利用农村地区的信息资源，能够辐射到村级应用层面的比例严重不足，数字基础设施领域的投入不足。孙杰等（2019）研究发现，信息红利也将体现其对地区经济增长的带动作用。特别是随着数字技术在经济活动中的广泛应用，数字经济消除了传统区域发展的空间边界，成为了当前经济发展的新动能之一。数据要素主要体现在信息方面，熊兴等（2016）的研究表明，信息对传统产业进行了有力的渗透，对促进我国西部地区经济增长起到了间接作用。区域性的数据要素利用都是高效且有效的吗？许竹青等（2013）认为，信息（数据要素）的有效供给才是使农民跨越"数字鸿沟"享受"信息红利"的关键。洪高伟（2021）认为，为了持续推动宁波市农业经济发展与数字经济深度融合，需要因地制宜地进行宣传推广和综合实验，推动战略规划设计优化。基于数字化技术收集数据信息，提升数据信息透明度，打破以往的信息不对称问题。在奖励机制的支撑下，各部门共同建立、共同分享各类信息，从而使资源优化配置。

1.2.7 关于数据要素融合传统要素驱动经济增长的研究

Delong（2000）提出，新兴信息技术的发展，为人类带来了前所未有的智能强化和延伸。这种强化和延伸不同于一般工业技术强化人的机能和组织的技能，而是将人的智能作为核心进行增强与延长，推动着社会的发展进程。因此，数据要素并不能代替各个企业本身，但它是促进有效决策、提高劳动效率的重要手段。王建冬和童楠楠（2020）基于数据要素对其他要素的协同联动机理，总结出数据要素分为基础层、支撑层和整合层三个层面。李海艳（2022）研究发现，数据不仅在促进经济发展方面起到了重要作用，还将成为一种黏合剂，推动社会化生产系统的顺利运行。钟真和刘育权（2021）研究发现，数据要素是要素融合、提升劳动生产率的手段。唐文浩（2021）研究发现，数字技术的应用可以借助数据带动人才、资金流向农村地区，并可以优化城乡之间的要素配置。作为数据要素利用的表现形式，电子商务的作用也不可忽视，慎丹和杨印生（2020）实证研究得出电子商务对要素配置具有促进作用。罗浚文等（2020）实证验证了数字要素与其他要素融合对产业发展的影响。

1.2.8　研究述评

1.2.8.1　研究趋势

在新旧动力交替的大环境中，数据要素的大量投入已成为推动我国经济增长的新动力。现有研究多集中在数据经济大环境下对金融、制造等相关行业的影响，或者集中探讨数字技术下分工于组织的演化，同时与数据要素投入在实践层面的迅猛发展和政策层面的高度关注相比，数据要素投入生产的作用机理的理论工作相对滞后，而对数据要素作为生产要素投入的区域性研究逐渐增多。对农村经济发展的要素驱动研究可以延伸到传统要素以外的新要素，即数据要素驱动农村经济发展，研究范围呈现多元化的趋势。特别地，对于数据要素利用的研究与时俱进，研究方法多为定性和定量相结合的方式。总体来说，关于数据要素利用，在研究范围上呈现"百家争鸣、百花齐放"的态势，在研究内容上良莠不齐，在研究方法上定性和定量相辅相成。

1.2.8.2　研究不足

综上所述，对以上研究进行梳理可以发现目前研究的内容存在一些局限性。其主要不足如下：

第一，理论研究还不全面。大部分学者致力于数据要素投入对农业现代化建设、实施乡村振兴战略方面的研究，虽然对农村经济发展具有很好的借鉴作用，但由于研究内容涉及的层面不同，对数据要素驱动农村经济发展的研究还不全面。鉴于此，本书首先以"三农"问题为切入点，研究数据要素驱动农村经济发展的作用机理；其次通过进一步研究两者融合发展的国内外实践模式及发展逻辑，有利于厘清两者融合发展中存在的现实障碍；最后提出相应的突破路径，从而为数据要素投入有效推进农村经济发展、实现乡村振兴战略方面的研究提供参考借鉴。

第二，研究体系还不完备。目前研究中涉及对经济欠发达地区数据要素驱动农村经济发展的研究还不完备，数据要素作为开放的资源，新疆的数据要素驱动农村经济发展的研究将会丰富现有的区域研究体系。

1.3　研究目标与研究内容

1.3.1　研究目标

本书基于统计数据、调研数据对新疆数据要素应用现状进行分析，系统性地分析了数字乡村、数字农业发展的情况，首先从理论层面论证了数据要素驱动新疆农村经济发展的作用机理，通过构建计量模型验证了数据要素推动新疆农村经济发展的作用评价；其次以典型调查方式，对数据要素驱动下的农村经济发展模式选择进行了归纳总结；最后对促进数据要素驱动新疆农村经济发展提出了一些政策与措施建议。

具体目标分为以下四个方面：

第一，从理论层面构建数据要素在农村经济发展的生产领域、流通领域的作用机理，同时构建数据要素与传统要素融合驱动农村经济发展的作用机理。

第二，运用描述性统计方法对新疆农村经济发展中数据要素应用情况进行分析，力求从不同维度对新疆数据要素应用情况进行分析，从中找到现阶段新疆农村经济发展中数据要素应用存在的关键痛点。

第三，从实证的角度出发，利用问卷调查、典型调查与宏观数据综合分析影响数据资源利用的因素、新疆数据要素对推动农村经济发展的作用评价，并形成典型的模式。

第四，根据分析结果，特别是针对在发展农村经济过程中利用数据要素的堵点、痛点，提供合理可行的措施与建议，为新疆农村经济发展提供政策支持。

1.3.2 研究内容

本书基于新疆农村经济发展，从理论和实证角度出发阐述数据要素利用对新疆农村经济发展的影响。

研究内容一：数据要素驱动农村经济发展的作用机理。在农村经济发展的生产领域、流通领域始终保持"良性循环和合理演变"是经济发展的客观规律，在生产领域、流通领域，数据要素驱动农村经济发展的着力点又体现在两大领域的使用主体及耦合元素等方面，数据要素贯穿在生产领域和流通领域中。换句话说，就是在数字技术的应用下获取市场需求的现状及发展趋势，从生产领域精准定位农业生产"种什么好"问题；在农业生产领域中融入数据要素利用（数据技术）进行数据化分析，按照标准化生产，精准解决农业生产过程中"怎么种好"的问题；在农产品流通领域借助数据要素，利用其建立智慧化销售平台、构建智能化物流系统，打造线上线下的销售模式，精准提高农产品"如何卖好"的问题，关于数据要素驱动农村经济发展的作用机理构想如图 1-1 所示。

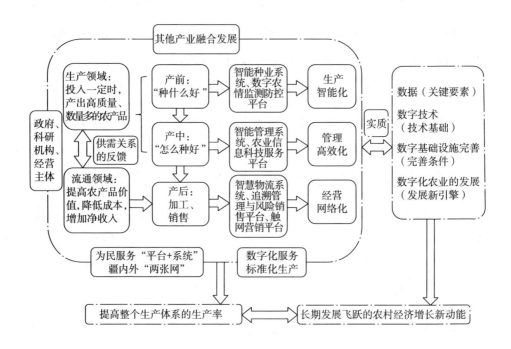

图 1-1　数据要素驱动农村经济发展的作用机理构想

研究内容二：从自然、社会及经济发展情况对新疆农村经济发展环境进行描述分析，综合了解新疆各类资源禀赋的基本情况，通过借助各类报告和调研数据，从数字经济发展、数字乡村发展、数字产业发展情况及各县市生产领域、流通领域的数据要素应用情况以及普通农户及新型农村经营主体对数字平台的应用情况及使用意愿进行分析，然后是对各县市的调研结果中阐述出数据要素利用的制度保障情况进行描述性分析，并寻找新疆农村经济发展数据要素应用的瓶颈。

研究内容三：数据要素对新疆农村经济发展的驱动作用实证分析。本书使用熵值法构建数据要素指数为被解释变量，选取农林牧渔业总产出为控制变量，选取农业机械动力、农村劳动力、农村网络覆盖率的对数为解释变量，运用空间计量模型验证数据要素驱动新疆农村经济发展具有一定的作用并存在溢出效应。

研究内容四：数据要素驱动新疆农村经济发展的模式选择。根据数据要素驱动农村经济发展的作用机理，借助典型调研和案例分析，总结新疆农村经济发展过程中利用数据要素发展农业产业的模式，并从充分运用数据要素着手，以数据要素投入不断挖掘农业生产领域、流通领域、农业创新技术、建立健全农业政策机制等方面的潜力，为不断促进新疆农村经济发展数据要素投入提供模式选择。

研究内容五：数据要素驱动新疆农村经济发展的政策与措施。根据新疆数据要素驱动农村经济发展的模式、路径要求及实证分析，结合现有数据要素投入环境的现实障碍及存在的问题，重点研究数据要素的基础设施构建、数据要素市场的制度保障及法律安全、数字人才的引进与培育、农产品数据市场的建设、农户自身数字能力的提升等多方面的组织保障方式与政策。

1.3.3 研究创新之处

本书的研究创新点主要体现在以下几个方面：

第一，强调数据要素在农村经济发展中的作用。以往的研究多关注政策、人力资源等方面对农村经济发展的影响，而本书将重点关注数据要素如何影响农村经济发展，探讨其在这一过程中的机制和作用。

第二，探索数据要素在农村经济发展中的应用。本书通过案例分析等方法，深入探讨数据要素在农村经济发展中的应用，研究其有效性和局限性，为农村经济发展提供科学的数据支撑。

第三，提出农村经济发展中的数据要素应用对策。本书针对农村经济发展中存在的问题，提出相应的数据要素应用对策，为促进农村经济发展提供实用性的指导意见。

通过以上三个方面的研究，本书为数据要素在农村经济发展中的应用提供新的思路和方法，为促进农村经济发展提供有益的参考。

1.4 研究方法、数据来源与技术路线

1.4.1 研究方法

本书采用的研究方法主要是归纳演绎法、问卷调查法、典型调查法、计量经济分析法等。第一，采用归纳演绎法界定数据要素的概念，深入剖析数据要素驱动农村经济发展的内在机理。第二，采用问卷调查法、描述性统计分析法阐述新疆42个县市农村经济发展现状和数据要素利用情况的现状分析。第三，采用典型调查法归纳新疆农村经济发展运用数据要素的发展模式选择。第四，运用计量经济分析法对新疆42个县市数据要素推动农村经济发展的作用进行评价。

1.4.1.1 归纳演绎法

归纳演绎法应用于研究内容一，通过查阅相关的文献对数据要素的概念

进行界定，并通过现阶段学者们的研究成果归纳演绎出数据要素驱动农村经济发展的生产领域和流通领域的内在机理。

1.4.1.2 问卷调查法

问卷调查法应用于研究内容二和研究内容三。研究内容三基于问卷调查的数据，从技术要素、人力资源等 8 个维度，定性分析数据资源的影响因素。问卷调查对象的选择：300 名驻村工作人员、农业领域的事业单位从业人员，按照地区分组。设计问卷主要指标类别有：各类要素和资源（技术要素、人力资源、信息资源、资本要素、生产资源、交通运输资源、社会环境资源与生态安全）的重要程度选择，即投入生产要素和资源的选择。

1.4.1.3 典型调查法

典型调查法应用于研究内容五。根据新疆数据要素利用的现状情况，选取 5 个地州市 29 个县市开展典型调查，主要选择新疆 29 个县市中涉及技术创新、生产模式创新、新业态发展创新等多种数据要素，应用农村经济发展的模式进行典型分析。

1.4.1.4 计量经济分析法

根据姜磊（2020）的研究成果选用计量经济分析法选择的最小二乘法和空间计量模型，应用于研究内容四。运用空间计量模型分析区域间的数据要素利用情况，分析数据要素利用对新疆农村经济发展的直接影响及空间溢出情况。借鉴相关研究方法设定空间计量模型，式（1-1）为 OLS（最小二乘法）模型设定，式（1-2）、式（1-3）、式（1-4）分别是空间计量模型 SAR 模型（空间滞后模型）、SEM 模型（空间误差模型）和 SDM 模型（空间杜宾模型）设定。

OLS 模型设定如下：

$$\ln y_{it} = \alpha_0 + \alpha \ln x_{it} + \varepsilon_{it} \tag{1-1}$$

SAR 模型设定如下：

$$\ln y_{it} = \alpha_0 + \alpha \ln x_{it} + \beta \sum_{j=1}^{n} w_{ij} \ln y_{jt} + \varepsilon_{it} \qquad (1-2)$$

SEM 模型设定如下：

$$\ln y_{it} = \alpha_0 + \alpha \ln x_{it} + \lambda \sum_{j=1}^{n} w_{ij} \mu_{jt} + \varepsilon_{it} \qquad (1-3)$$

SDM 模型设定如下：

$$\ln y_{it} = \alpha_0 + \alpha \ln x_{it} + \rho \sum_{j=1}^{n} w_{ij} \ln x_{jt} + \beta \sum_{j=1}^{n} y_{jt} + \varepsilon_{it} \qquad (1-4)$$

其中，$\ln y_{it}$ 和 $\ln y_{jt}$ 分别表示 t 年区域 i 和区域 j 被解释变量的自然对数，$\ln x_{it}$ 和 $\ln x_{jt}$ 分别表示 t 年区域 i 和区域 j 解释变量 x 的自然对数，w_{ij} 表示空间权重，α_0 表示截距项，α、β、λ、ρ 表示待估参数，ε_{it} 表示随机扰动项，μ_{jt} 表示正态分布的随机误差向量。

参考苏世亮等（2019）的研究成果，借助莫兰指数、空间集聚效应探讨新疆数据要素利用情况，由于数据要素对新疆农村经济发展相关影响因素的外部性可能超越县域边界，导致邻近县域经济增长效应相互影响。空间权重矩阵（选择邻接权重矩阵、地理距离权重矩阵和经济距离权重矩阵）的构建、空间相关性（Moran's I）分析和空间效应（直接效应和溢出效应）分解方法见下文。

邻接的空间权重矩阵如下：

$$\sum_{j=1}^{n} w_{ij}^{a} = \begin{cases} 0, & b_i \cap b_j = 0 \\ 1, & b_i \cap b_j \neq 0 \end{cases} \qquad (1-5)$$

地理距离的空间权重矩阵如下：

$$\sum_{j=1}^{n} w_{ij}^{g} = \begin{cases} 0 \\ \dfrac{1}{d_{ij}} \end{cases} \qquad (1-6)$$

经济距离的空间权重矩阵如下：

$$\sum_{j=1}^{n} w_{ij}^{e} = \begin{cases} 0 \\ \dfrac{1}{|\overline{y_i} - \overline{y_j}|} \end{cases} \tag{1-7}$$

其中，$\overline{y_t} = \dfrac{1}{t_1 - t_0 + 1} \sum_{t=t_0}^{t_1} y_{it}$，$y_{it}$ 表示第 i 个空间单元第 t 年的人均 GDP，

w_{ij}^{a}、w_{ij}^{g} 和 w_{ij}^{e} 分别表示区域 i 对区域 j 的邻接权重、地理距离权重和经济距离权重，0 表示不邻接或者在矩阵中本地区的各类权重，d_{ij} 表示区域 i 对区域 j 的人民政府的地理距离，$\overline{y_i}$、$\overline{y_j}$ 分别表示区域 i、区域 j 的人均 GDP。

Moran's I 公式如下：

$$Moran'I = \dfrac{\sum_{i=1}^{n} \sum_{j=1}^{n} w_{ij}(x_i - \overline{x})(x_j - \overline{x})}{\sigma^2 \sum_{i=1}^{n} \sum_{j=1}^{n} w_{ij}} \tag{1-8}$$

真实效应被 LeSageandPace 分解为直接效应和间接效应，本书以空间杜宾模型进行解释，如下所示：

$$y = \rho w_y + X\beta + WY\theta + \varepsilon \tag{1-9}$$

将方程右侧的 ρw_y 移动到方程的左边，得到以下结果：

$$(I - \rho W)y = (X\beta + WX\theta) + \varepsilon \tag{1-10}$$

方程两边同时乘以矩阵 $(I - \rho W)$ 的逆矩阵 $(I - \rho W)^{-1}$，可以得到以下结果：

$$y = (I - \rho W)^{-1}(X\beta + WX\theta) + (I - \rho W)^{-1}\varepsilon \tag{1-11}$$

其中，$(I - \rho W)^{-1}$ 被称为空间乘子矩阵。

因此，y 对 k 个自变量 x 的推导如下所示：

$$
\left[\frac{\partial y}{\partial x_{1k}}, \cdots, \frac{\partial y}{\partial x_{nk}}\right] = \begin{bmatrix} \dfrac{\partial y_1}{\partial x_{1k}} & \cdots & \dfrac{\partial y_1}{\partial x_{nk}} \\ \vdots & \ddots & \vdots \\ \dfrac{\partial y_n}{\partial x_{1k}} & \cdots & \dfrac{\partial y_n}{\partial x_{nk}} \end{bmatrix} = (I-\rho W)^{-1} \begin{bmatrix} \beta_k & w_{12}\theta_k & \cdots & w_{1n}\theta_k \\ w_{21}\theta_k & \theta_k & \cdots & w_{2n}\theta_k \\ \vdots & \vdots & \ddots & \vdots \\ w_{n1}\theta_k & w_{n2}\theta_k & \cdots & \beta_k \end{bmatrix}
$$

$$(1-12)$$

其中，w_{ij} 表示第 i 行、第 j 列的空间权重矩阵 w 的元素，矩阵主对角线元素均值为直接效应，而非对角线元素均值为间接效应，两者之和为总体效应。

1.4.2 数据来源

数据要素指数的数据来源于对《县域数字乡村指数》（2018～2020 年）中的基础设施、信息基础设施、数字产业发展情况中的二级指标进行熵值法处理，本书中对自然、社会和经济情况的描述性统计分析的数据来源于 2019～2021 年的《新疆统计年鉴》，其中部分地州市统计年鉴缺失，故缺失数据以各地州市《国民经济和社会发展统计公报》数据替换，同时为了保障数据的准确性，根据任莉颖（2018）的研究方法确定替代数据会通过插值法数据进行比对。

1.4.3 技术路线

本书按照问题提出、理论基础、机理构建、现状分析、实证分析、模式和路径选择、措施与政策建议及不足展望的主线进行研究，符合提出问题、分析问题和解决问题的流程设计技术路线，如图 1-2 所示。

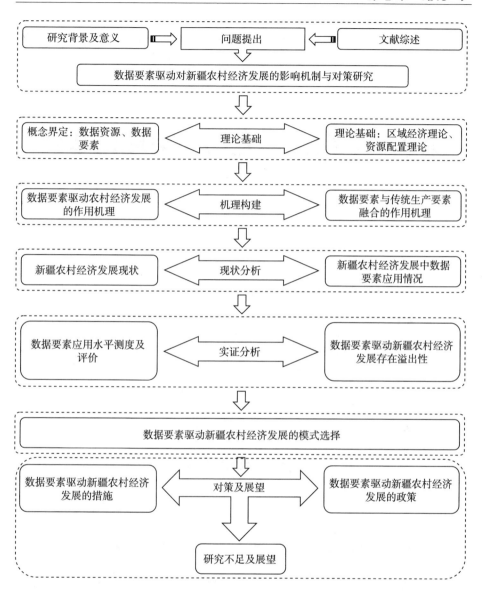

图 1-2　本书的研究技术路线

第2章 概念界定与相关理论基础

本章主要对数据要素驱动农村经济发展涉及的概念进行界定，重点对数据资源、数据要素、数字技术、数字农业和智慧农业进行定义。本书涉及的相关理论研究包括资源配置理论、经济增长理论、区域经济理论、农业再生产理论、农业现代化理论和木桶理论。

2.1 概念界定

本章对数据资源、数据要素、数据要素的载体数字技术、数据要素投入农村经济发展中产生的经济形态，即数字农业、智慧农业进行概念界定，具体涉及数据要素化的过程推演将在下一章理论构建中进行详细阐述。

2.1.1 数据资源

全国科学技术名词审定委员会于 2020 年 7 月发布的《大数据新词发布试

用》中收录了"数据资源"一词。数据资源是指加工后具有经济价值的数据，是否有价值一方面是由人工判断，另一方面是由预期判定。曾燕（2022）给数据作了一个界定，它是一种可以识别的符号，用来记录客观事物的性质、状态和相互间的联系，它是一种描述客观事物性质、状态和相互间的联系的实体符号或者实体符号的结合体，这些数据的集合被称作数据源。中共中央、国务院于 2020 年 3 月发布《关于构建更加完善的要素市场化配置体制机制的意见》，将数据作为第五大生产要素与传统要素并列，指出要加快数据要素市场培育。在数据积累到一定的规模后，除了自身原有的反映所记录事务信息的功能，还具有进一步挖掘更高价值的可能，此时便形成了数据资源，数据资源可以通过数据交易、数据赋能等形式实现其价值。

此外，曾燕（2022）研究发现，数据资源的特征不同于传统资源，作为一种新型的资源，数据资源没有实物呈现，更多的是刻录在机器上，且数据资源没有传统物权的客体承载，更多的是被他人近乎零成本地无限复制，可以超越时空限制为公众所享用、共用，不发生有形的损耗，更像是一种公共资源，用于分享与流通。腾讯研究院（2021）研究发现，数据资源可以在形成和流通过程中不断增加新的内容来扩充数据资源库，特别是在每一次的生产活动中都会加入新的元素，数据资源中对各类经营主体需求方面的资源，需要明显更多。可见，数据资源也在依附于生产活动或者生活活动进行相适应的变化，详细论述如表 2-1 所示。

表 2-1 关于数据资源定义的汇总

序号	文件、书籍或文献名称	对数据资源的定义
1	《信息安全技术 网络安全等级保护定级指南》	多以电子形式存在的具有或预期具有价值的数据

续表

序号	文件、书籍或文献名称	对数据资源的定义
2	《浙江省数字经济促进条例》	使保存及记录的形式电子化，保存内容使具备原始性、可机器读取且可供社会化再利用的数据
3	《数据价值化与数据要素市场发展报告（2021 年）》	能够参与社会生产经营活动的数据；可以为使用者或所有者带来经济效益的数据；以电子方式记录的数据
4	《数字战略》	是由计算机技术、通信技术及多媒体技术相互融合形成的；是一种信息资源的总和；以数字形式发布、存取并利用
5	*What Is Different About Digital Strategy? From Quantitative to Qualitative Change*	具有自生长性、时效性、交互性及动态性的数据集合
6	《数据资源与数据资产概论》	是可以被机器读取的数据集合；所可能产生价值的数据集合；具有可利用性和潜在价值的数据集合
7	《数据资源的合理利用与财产构造》	狭义上的数据资源指数量多、类型多，具有巨大的潜在应用价值；具有显著的公共性，属于广义上的公共数据

资料来源：文献收集整理。

本书综合各类定义，结合"数据"和"资源"的概念及性质，根据经济学相关的概念，给出本书数据资源的定义：数据资源是一种可再生性的、可被各类机器读取的、当下或预期均有可能产生经济效益的数据信息的集合。

2.1.2　数据要素

在数字社会，数据要素扮演基础性战略资源和关键性生产要素双重角色，一方面，有价值的数据资源作为生产力的关键部分，孕育并促进了各种新模式、新业态、新产业的发展；另一方面，通过与传统生产要素特征的比较，数据要素最显著的特征是它对其他要素资源同样具有倍增效应，特别是对资本、劳动力等传统要素在经济社会价值链中所产生的价值进行不断放大。对数据作为生产要素的研究，国外更多使用信息（Information）要素一词，而非数据（Data）要素，数据是一种符号、记录，具体形式可以是一篇文章、一段声音、一张图片甚至是一段数字。戚聿东和肖旭（2022）提出，数字变革通过再生产形成数字生产力，认为数据要素可以作为一种基础技术要素，应用于数字经济。数据要素不仅可以推动生产力系统变革，还可以推动经济增长，国家出台了一系列文件阐述数据要素作为生产要素的必然性，也出台了一系列政策鼓励发展数据要素嵌入产业发展和促进经济发展，如表 2-2 所示。

表 2-2　关于数据要素相关政策文件

发布时间	文件名称	主要内容
2019 年 5 月	《数字乡村发展战略纲要》	激活农村要素资源，因地制宜发展数字农业、智慧旅游业、智慧产业园
2020 年 3 月	《关于构建更加完善的要素市场化配置体制机制的意见》	指出了土地、劳动力等五大要素改革发展方向，并提出了完善、促进要素市场化配置的措施。重点是通过推动政府数据的开放共享，提高社会数据资源的价值，加强数据资源的集成，以及对三个层面的安全性保障来构建和健全要素市场
2021 年 3 月	《中华人民共和国国民经济和社会发展第十四个五年规划和 2035 年远景目标纲要》	实施"上云用数赋智"行动，推动数据赋能全产业链协同转型
2021 年 12 月	《"十四五"数字经济发展规划》	数据要素是数字经济深化发展的核心引擎
2022 年 12 月	《关于构建数据基础制度更好发挥数据要素作用的意见》	加快发展数据要素市场，做大做强数据要素型企业
2023 年 1 月	《关于做好 2023 年全面推进乡村振兴重点工作的意见》	培育乡村新产业、新业态，深入实施"数商兴农"和"互联网+"农产品"出村进城"工程

资料来源：公开政策文件整理。

基于现有的研究可以明确生产要素的概念，徐斌等（2006）提出生产要素是将各种经济资源进行有效配置，并作用于生产和服务活动。马克思提出生产力的发展不仅需要劳动、劳动对象及劳动资料三个要素，还包括生产的组织与管理、技术、知识等。温铁军提出我们过去没想到的各类野生资源，都是生态经济的生产力要素。换句话说，就是除在生产中需要传统的基本要素外，还需要根据时代的发展加入适应时代要求生产力发展的"新要素"（石榴云，2023）。综合来看，生产要素是为进行生产和服务活动而投入的各种经济资源的综合，因此，从生产过程视角来看，生产要素是生产过程中的投入品，于立和王建林（2020）研究发现，生产要素与产品有异曲同工之妙，即本身既可能是上一生产过程中的产品，也有可能成为下一个生产过程中的原料。

从价值创造的角度来看，张昕蔚（219）研究发现，数据要素作为一种物化劳动，在新产品的生产过程中，与其他生产要素一起，将自身的价值转移到新产品中，成为新产品价值的重要构成。数据要素作为数字经济时代生产过程的重要投入品，与广义的数据资源存在区别。田杰棠和刘露瑶（2020）认为，数据并不能直接参与生产，必须要先转化为有生产价值的信息，数据要素之所以能投入到生产过程，并提升生产过程的劳动生产率，是因为其本身具备使用价值和价值。数据的采集、挖掘、储存、传输、处理等环节均需要耗费大量的脑力和体力劳动。换而言之，数据要素的形成是一个复杂的过程。因此，数据要素作为一种与"数字—技术经济范式"相匹配的新型投入要素，其一方面具备了传统生产要素作为生产过程中投入品的基本特征；另一方面作为一种新型投入要素，数据在价值创造过程中不仅将自身价值转移到新产品中，同时还能够提升其他生产要素的配置效率，从而提高生产过程的劳动生产率。中国信息通信研究院归纳出数字要素实现价值途径即业务贯通、数智决策和流通赋值（见图2-1）。

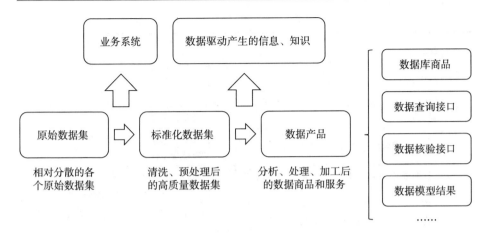

图 2-1　数据要素主要表现形态

资料来源：中国信息通信研究院。

　　关于数据要素特征的论述如表 2-3 所示，研究均发现数据要素具有自己的独特性，既满足传统要素的一般特征，还满足特定生产的需求特征。本书对数据要素的定义是：数据要素需要具备传统要素的特征，具有价值并在价值流通中比传统要素的流通成本低，对载体具有依赖性，可以从多种渠道利用技术途径获得大量数据，但是在获得后又较难以确定权属，获取、利用数据要素时会因个体差异存在异质性和外部性，在当前阶段，数据要素投入对农村经济发展是一种经济形态。

表 2-3　关于数据要素特征的文献

序号	文献、书籍	数据要素特征文献观点
1	《数字经济概论》	数据要素主体复杂，权属复杂，价值倍增，具有非稀缺性、非匀质性和非排他性
2	《数据要素价值实现路径研究》	具有需求性、稀缺性、虚拟性、非匀质性、外部性、共享性

序号	文献、书籍	数据要素特征文献观点
3	《数据成为生产要素：特征、机制与价值形态演进》	虚拟替代性、多元共享性、跨界融合性、智能即时性
4	《数据要素对高质量发展影响与数据流动制约》	低成本、大规模可获得、非竞争性、低复制成本、非排他性、外部性、即时性
5	《数据要素赋能经济增长机制探究》	具有依赖性、渗透性、虚拟替代性、动态精准性、共享低成本性、自组织
6	《数据要素对高质量发展影响与数据流动制约》	有非竞争性、非排他性或部分排他性、低复制成本性、外部性以及即时性等独特属性
7	《数据成为现代生产要素的政治经济学分析》	与传统的生产要素相比，数据有着显著的独特之处

资料来源：文献收集整理。

2.1.3 数字技术

数字技术是一种利用相关电子设备传输文字、图像、声音等各类型信息的与电子计算机伴生的科学技术。数字技术主要指互联网、大数据、人工智能、区块链等技术，它们之间的逻辑关系如图2-2所示。其特点是创新活跃、要素密集、辐射广泛。它不仅是当今世界科技革命和产业变革的契机，也是新一轮国际竞争的关键领域，是数字政府建设的重要领域。主要发达国家为了抢占全球化竞争的战略制高点，已在经济社会各领域广泛应用了数字技术。宁朝山（2021）认为，数字技术在经济社会领域的广泛渗透推动了数字经济的发展。数字技术的进步，如互联网、大数据、人工智能等新一代信息技术的应用，使得终端设备广泛连接、海量数据积累、算力指数级增长，对经济发展产生了巨大影响。蔡跃洲和张钧南（2015）的相关研究就数字技术或新一代信息技术对经济增长的影响效应进行了考察。裴长洪等（2018）认为，一方面，数字技术迅速实现市场化和产业化，带动了数字化产业的发展；另一方面，数字技术向实体经济渗透，改变了原有的生产方式和管理方式，带动了产业数字化发展。石良平等（2019）研究表明，数字经济由数字技术发展而来，具有基础性、渗透性、溢出性的特点，可以向生产、流通等社会再生产的每一个环节渗透，为经济发展开拓新的空间。本书中的数字技术多偏向农村经济发展过程中农业生产领域、流通领域的技术运用，包括互联网、大数据、人工智能、区块链技术，还包括物联网技术、平台和系统运用的技术和遥感技术。

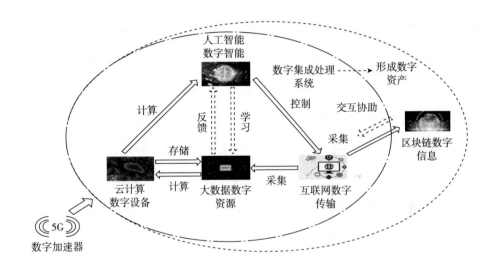

图 2-2　数字技术框架

资料来源：北京美物纪数字科技有限公司。

2.1.4　数字农业

美国科学院、工程院两院院士于 1997 年提出作为数据要素发挥作用的农业形态之一的数字农业。2016 年，二十国集团数字经济发展与合作倡议中提出促进农业数字化转型。张耀一（2022）认为，数字农业的核心生产要素是"农业大数据"，技术核心是"3S"技术，并将数字技术运用于农业产业链环节中，对整个农业生产的全过程进行全方位的模拟、监测、判断并预测。孙敬水（2002）认为，数字农业为信息农业或精细农业，主要包括各类高新技术和多种农业基础学科交织在一起的动态农业生产空间信息系统。唐世浩等（2002）将数字农业界定为"数据采集"，将数字传输网络、数据分析处理等数字驱动要素进行融合，形成了一套数字农业的管理体系。农业农村部信息中心课题组（2020）研究分析了中国数字农业发展的现状及面临的挑战，并根据现状调整提出了发展的路径及选择。2019年发布的《数字农业农村发展规划（2019—2025年）》系统部署了数字农业农村发展的思路与总体要求。钟文晶等（2021）认为，"依赖性""数据中心性""能力匹配性"是数字农业技术的主要特点。阮俊虎等（2020）从理论和实践两个角度分析，认为数字农业可以通过数字农业运营管理来实现。朱岩等（2022）通过案例分析，提出发展数字农业需要因地制宜地做好顶层设计，发挥地方企业优势，做到地企联合，互补优势共同发展。数字农业作为数据要素利用的外在表现形式，从以信息、技术为核心逐渐演变成以数据、技术为核心，数字农业作为农业发展水平更高、要求更严的经济形态方式，数字农业的发展对提升生产效率、产品以及可持续发展具有主要作用，数字农业将是农业实现现代化发展的必然选择。

2.1.5 智慧农业

智慧农业虽然是数据要素利用农业生产的另一种农业形态，但是智慧农业更倾向于农业生产、管理的自动化和精准化，且处于发展成熟阶段。孙忠富等（2013）认为，智慧农业是一个各类农业生产子系统形成的庞大系统。

刘丽伟和高中理（2016）研究发现，智慧农业的立柱架梁的优势即为物联网技术在农业生产中的应用。甘甜（2017）的研究印证了智慧农业是农业发展的高级形态，依托传感器和互联网技术实现农业种植生产智能化、自动化调节和精准化管理的新业态。胡亚兰和张荣（2017）认为智慧农业的目的是通过信息技术和互联网技术，实现农业系统更加效率、更加智慧，且智慧农业运营管理系统分为农业生产、农业管理、农业信息服务等方面。侯秀芳和王栋（2017）研究认为，智慧农业的基本特征为生产生态性、管理效益性、信息服务共享性。王丽（2018）研究发现，智慧农业的特征是智能化生产技术、智慧化管理生产过程和智慧经营与服务。蒋璐闻和梅燕（2018）通过借鉴美国、日本、法国智慧农业的发展模式，提出我国发展智慧农业需要从整体战略、技术人才和信息服务三种模式进行培育。赵春江（2019）研究发现，制约我国智慧农业发展的主要原因是技术的制约。郑大睿（2020）提出从顶层设计、人才培养和信息水平提升三个方面推进智慧农业发展进程。殷浩栋等（2021）提出智慧农业是"数字孪生"的一种信息形态，是农业智能化的源泉和服务化延伸。

2.2 相关理论

2.2.1 资源配置理论

资源配置理论随着经济发展的需求进行不断的变革与创新。一是马克思关于资源分配的古典学说。马克思关于资源分配的理论认为，社会劳动必须按照一定的比例进行分配，这点在不同的社会形态中有着不同的体现。马克思对资本的组成理论，从物质资料开始有三层关系即生产关系、商品生产关系和资本关系，从而产生了资源配置的调节机制理论、资源配置的方式或形态理论以及生产要素组成理论。马克思经济学关于资本主义生产方式、生产关系及交换关系的探讨，其中主要有马克思关于经济增长、产业结构、资本产出的理论，这三个方面都是关于资源分配的。二是传统古典经济学中的"资源配置"问题。杨小凯和张永生（1999）提出，亚当·斯密的生产理论强调交换与分工，并且认为技术和创新以及制度和历史都与社会的财富增长有着紧密的联系。三是新古典经济学中的"资源配置"理论。陈书静（2006）通过研究得出了基于"最优经济人"的新古典经济学的基本假定，从资源配置的角度对经济现象做出了超历史的剖析。四是新结构经济学中的"资源配置"问题。苏剑（2012）从新结构经济学的角度出发，以"现代经济发展的实质是产业和技术结构的持续升级"为基础提出，一个国家在任意时间点竞争力最强的产业和技术结构，都取决于这个国家的要素禀赋结构。林毅夫和付才辉（2022）认为，随着时间的变化要素禀赋也是可变的，而要素禀赋结构还可能因增长速度的不同而产生变化。林毅夫（2011）研究发现，一个国家在特定时间节点的要素禀赋结构会决定这个时间节点的产业和技术结构，同时与产业和技术相配套的软硬件的基础设施也是由这个时间节点的要素禀赋结构催生的。付才辉（2017）提出，快速的结构变迁阶段即生产结构对禀赋结构富有弹性时，禀赋结构的回报率不会随禀赋结构积累而降低，从而出现高储蓄高投资高速推进禀赋结构升级，进一步推进生产结构升级，快速的循环累积实现超高增长。

2.2.2 经济增长理论

通常认为，Harrod（1939）和 Domar（1946）建立的 Harrod-Domar 模型

诞生了现代经济增长理论。Solow（1956）建立的新古典增长模型解答了经济增长不稳定的问题。靳光华和孙文生（1998）回顾了经济增长理论的发展历程，发现其发展存在人力资本论、资本积累论、利润递增论和技术决定论四条主线。严成樑和龚六堂（2020）研究发现，新古典增长理论和内生增长理论强调技术进步、技术进步对经济增长的决定作用。蔡昉（2013）认为，刘易斯转折点及二元经济发展、马尔萨斯贫困陷阱、新古典增长等是经济增长的重要阶段。罗润东（2004）认为，我国经济增长理论的演进分为几个阶段，即高速发展理论、生产资料优先理论、增长方式理论、经济周期理论等。数据要素作为生产要素，对经济增长的作用不容忽视。徐翔和赵墨非（2020）提出大数据可加速资源流通速度，优化资源配置，提高经济增长速度。

2.2.3 区域经济发展理论

藤田昌久等（2011）在书中提到，Thünen、Weber、Christaller、Losch 分别提出了"农业区位论""工业区位论""中心地区理论""市场区位论"。杨吾扬（1992）研究提出区域经济学是空间经济下的一个分支。安虎森（2021）从空间经济学研究分支出发，认为空间经济学应该分为区域经济学、城市经济学和交通运输经济学，同时讨论了异质空间对经济活动区位的重要影响。杨竹莘（2009）研究发现区域经济发展理论包括均衡和非均衡发展理论。李仁贵（1988）研究发现佩鲁的增长极思想在很大程度上吸取了熊彼特的创新与大单元作用的思想。房艳刚（2009）研究发现农村区域经济发展可以分为内生、外生和内生—外生混合学说。新疆作为经济欠发达地区，其经济发展存在区域异质性，特别是在数据要素投入使用方面更是由于区域经济发展异质性存在一定的非均衡性。

2.2.4 马克思社会再生产理论

马克思阐述了在社会再生产过程中，包括生产、分配、交换和消费 4 个环节，同时在四者关系中是生产决定消费，影响着需求，消费反作用于生产。吴宸梓和白永秀（2023）研究强调马克思社会再生产理论突出强调生产在整个经济发展中的首要地位和决定性作用，是实现社会再生产处于主导地位的关键环节。张峰（2022）研究强调马克思的社会再生产理论隐含了社会总产品的有效供给。崔晓露（2013）和王国刚（1998）研究发现马克思以最终经济用途将社会总产品分成了生产资料和消费资料两块内容进行考察。

2.2.5 农业现代化理论

农业现代化理论的历史可以追溯到 20 世纪 60 年代。1964 年出版的《改造传统农业》提出欠发达国家依靠传统农业不利于经济增长，高生产率的现代农业应该是其改造目标。中国现代化战略研究课题组（2012）提出世界农业现代化的基本原理包括经典农业现代化理论、两次农业现代化理论和广义农业现代化理论等。国家信息中心和国家电子政务外网管理中心（2018）研究发现，农业现代化理论能够被划分成以下几种类型：诱导创新、肥力保持、改造传统农业、扩散。黄国桢（2001）从发展、结构、装备、技术和管理 5 个方面重新定义农业现代化。数据要素的投入运用有利于实现农业现代化，特别是数字技术的运用能有效地提升农业生产效率，为进一步实现农业现代化提供了技术保障，此外，基于农业现代化理论可以从生产要素的角度探寻数据要素驱动农村经济发展、加速农业现代化发展进程的作用机理。

2.2.6 木桶理论

木桶理论由美国管理学家、现代层级组织学奠基人劳伦斯·彼得提出，核心内容为：一只木桶上最短的木块决定了这只木桶盛水的多少。王世英（2016）提出木桶原理具有导向性缺陷和解释性缺陷。此外，还有一些学者将木桶原理应用于农业机械、区域经济、企业管理、网络发展及经济结构等方面。本书基于木桶理论对数据要素与传统要素融合进行分析，阐述要素投入中也存在"短板效应"，借助木桶理论在数据要素融合传统要素共同作用于农村经济发展中构建要素融合机理。

2.2.7　数据要素理论

王建冬等（2022）研究提出数据要素理论经历了三个阶段，即"IT 生产率悖论"阶段、"信息有效论"阶段和"数据价值论"阶段。蔡继明等（2022）通过广义价值论经典分析框架刻画了数据要素创造价值的理论模型。丁晓东（2022）研究发现数据要素交易存在"阿罗信息悖论"。贾利军和郝启晨（2023）通过马克思地租理论构建了数据地租资本化产生促进资本积累的内在机制。刘文革和贾卫萍（2022）通过新古典经济学与新结构经济学的对比分析构建了数据要素提升经济增长的理论机制。孔艳芳等（2021）通过"生产要素化"与"配置市场化"的内涵解构了数据要素市场化理论的框架。

2.3　本章小结

本章主要对数据要素驱动农村经济发展的机理构建的理论基础、概念范畴进行了界定，其中对数据资源和数据要素的定义均是根据现有学者的研究，本章认为数据要素是现在特殊经济形态的一种低成本生产要素，数字技术对此进行了概念的延伸，扩展到遥感技术。本章还对数据要素应用农业的形态为数字农业和智慧农业进行了阐述。此外，基于本章将数据要素定义为一种生产要素，故理论基础部分对要素配置、区域经济学等相关理论的阐述较多。

第3章　数据要素驱动农村经济发展的理论机制

数据要素驱动农村经济发展在国内外的实践探索和理论研究中已经效果显著，王小兵等（2018）、张勋等（2019）、戚聿东和肖旭（2020）主要研究数据要素利用在生产管理的方面，其中张蕴萍和栾菁（2022）、丁煌和马小成（2021）、薛楠等（2021）的研究分别以数据和信息为核心要素构建了不同的智慧农业发展模式，分别是精准农业的发展模式、依托信息网络为主要载体的"订单式"农业发展模式、基于数字技术优化农业发展决策形成多位一体的智慧农业的模式。虽然有很多成功的案例，但是现有研究对数据要素的驱动机理分析还是相对缺乏。基于此，本章从数据要素驱动农村经济发展的生产领域、流通领域进行理论推演，分别从减少成本 Δ、增加产量 Δ 等方面具体阐述，通过推演数据要素与传统要素之间的协同连接机制驱动农村经济发展，提出数据要素对农村经济发展具有驱动作用，并通过与人才、技术和资金要素协同融合建立驱动农村经济发展的动力机制。

3.1 数据要素驱动农村经济发展的作用机理

众所周知，在农村经济发展过程中，农业本身存在弱质性，尤其存在基础设施、生产动力不足、成本投入过高等问题，而农户现阶段仅依靠传统的劳动力和贫瘠的土地，资本的原始积累不足，延缓了农村经济发展的进程。此时数据要素的应用实现了局面的扭转，作为农村经济发展中关键的生产要素，数据要素对农村经济的发展起到了革命性的作用。蔡跃洲和马文君（2021）研究发现数据要素具有关键生产要素的匹配特征。何广文和刘甜（2019）研究发现数字基础设施的建设影响数据要素驱动农村经济发展。李海舰和赵丽（2021）研究发现数据可以作为一种重要的生产力，对经济发展过程中重新构建生产关系具有重要的作用。此外，刘玉奇和王强（2019）研究发现数据要素的投入使用可以使生产成本呈现下降趋势。那么，数据要素对农村经济发展的驱动作用如何体现？是通过数据要素带动生产效率提升，还是通过数字技术作为载体应用于农村经济发展需求的各个场景？本节就数据要素驱动农村经济发展过程中生产领域和流通领域的作用机理进行解答。

3.1.1 数据要素驱动生产领域的作用机理

数据要素的投入使用使农业生产实现了精准化、事实化和智能化，通过数据分析应用提高农业生产效率，可以使农业生产产量增加一个 Δ、质量提高、成本降低，等等。在农产品价格不变的情况下，农业总产值会增加一个 Δ，具体情况如图 3-1 所示。

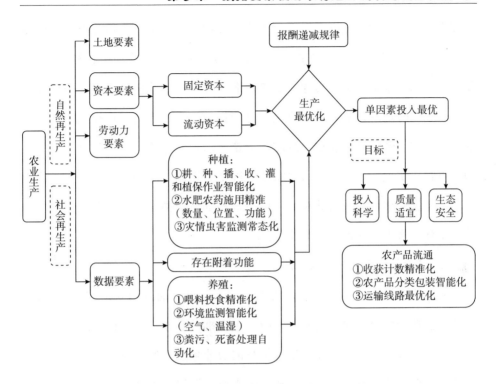

图 3-1　数据要素驱动生产领域的逻辑示意

3.1.1.1　农业生产过程精准化

首先需要明确农业生产的生产资料投入问题，在农业生产过程中包括两种生产资料投入：一种是固定的物化投入，包括水渠、机械、节水设备，这些属于短期内不会再次投入的生产资料；另一种是流动的物化投入，包括水资源、化肥、农药等在农业周期内需要不断投入的生产资料，同时还有机械燃料、人工成本等。数据要素的使用使得原本需要一个农业生产周期内流动的物化投入按照科学的生产方式减少，同理可得，数据分析、数字技术的运用减少了劳动力投入资本，进而使得农业生产整个过程中的物化资料更加"节能"，但这种"节能"不是一味地强调流动资本投入的减少，而是在减少流动资本的同时农产品产量实现了增加，农产品品质实现了提升，这就是数据要素发挥的作用，数据要素应用于生产领域可以更加精准地分析具体作物在生长周期内需要的营养物质，通过土壤数据分析及时给动植物补充养分，而不是一味地采取"大水漫灌"式投入各类复合肥、化肥；通过虫情监测数据分析，及时地对动植物进行检测，并根据数据分析反馈的可视化结果，采取相对应的农药喷洒、动物免疫防治等措施。换句话说，通过数据要素的应用可以真正实现一草一木、家禽家畜等进行"定制化"的种植、饲养，简而言之，数据要素的应用帮助农业生产更加精准，各类农产品均有一个数字化的电子管家管理着动植物的生长情况。

3.1.1.2 农业生产过程智能化

数据要素依托数字技术进行的农业生产，可以通过物联网技术的运用，将传感器数据变成可视化的数据分析，进而推动农业生产过程从经验模式向数据支撑模式转变。依靠数字技术进行的农业生产，使得农业生产不再是以往的"面朝黄土背朝天"，也不再是单纯地依靠传统机械动力的应用，在种植上农户甚至只需要借助一部手机或者一个 App 就可以实时监测作物生长情况，通过数据分析作物生产情况以给出农业管理的决策建议，并通过手机进行远程操控，突破了时空限制。此外，数据要素在农业生产过程中的应用，使传统农业生产中依靠个人经验决策所带来的生产波动性大、效率低、质量难掌控等问题逐步得到了解决，数字技术对农业生产全过程的精准判断和分析，可以为生产者提供更合理的决策，能切实保障农作物的生产质量。此外，生产者可以借助"人工大脑"解决农业生产管理中的"疑难杂症"，当植物缺水时传感器将迅速捕捉到相关信息，并通过后台提醒农户，生产者更像是在操作一台智能化的机器，而机器又可以给出科学、专业的农业管理建议，进而帮助生产者进行农业生产；同时，生产者在管理大片土地时，很难做到面面俱到，而数据要素的应用就很完美地解决了这一问题，因为数据要素可以大面积地监测作物种植情况，牲畜饲养也是同样的原理，例如：一些养殖场开通了猪脸识别功能，就是通过监测猪的叫声、猪的体温等信息解决猪的饲料搭配、病患管理等问题。传统的生产模式使得生产者无法兼顾所有的生产对象，而数据要素的应用可以使生产者用智能的方式监管所有的生产对象。

3.1.1.3　农业生产资料的配置优化

数据要素的应用使农业生产资料之间的配比更加优化，主要是通过数据分析使得农业生产中各生产资料按照最优的组合进行配置，要素组合在数字技术的应用下实现数据多次的演绎分析，形成在生产过程中科学化、标准化的投入组合，进而使农业生产资料实现优化配置。简而言之，劳动力、资金、技术和数据要素在数据分析下实现按照生产效益最大化配置，避免生产要素的浪费。此外，在农产品生产过程中需要消耗许多周期性的物质，如地膜、农药等，通过数字技术可以实现这些周期性消耗物质的优化配置。具有北斗定位功能的数字化机械设备可以实现地膜按照既定的路线完成铺设，避免出现因地膜铺设不规范而反复操作造成的浪费；无人机按照既定设置进行农药喷洒，可以以农药最小的消耗来喷洒最多的土地面积，实现了生产资料的优化配置。不得不说数据要素的应用使劳动力的投入将会更加优化，例如：原来 100 亩的土地需要 20 人左右管理，现在只需要 5~10 人就可以完成相同的工作量，其中数字技术发挥了关键性作用，释放出的劳动力可以从事二三产业，使农民多渠道就业，增加收入。

3.1.1.4　农产品质量的有效控制

在对生产资料投入精准化、智能化、配置优化的基础上，农产品质量得到了最大的保障。虫害监测使得农药投入更加精准，实时监测的生产全流程更有利于控制农产品的质量。此外，消费者除了关注品质，更关心的是食品安全的问题，数据要素的应用有效地解决了这一难题。传统的农业生产由于是人工操作，会将农药浓度略微调高，以利于预防病虫害，这样就会形成农药残留，影响"舌尖上的安全"，而数据要素依托数字技术的使用，已经实现农药、施肥配比的精准化，对待病虫害也是采取生物防治的方法，实现了农产品生产流程的全面把控。

3.1.2 数据要素驱动流通领域的作用机理

数据要素应用可以实现农产品销售精准化、信息对称化、实时化，农产品损失降低一个 Δ 时，数据要素就在流通领域增加了一个农业总产值 Δ，如图 3-2 所示。

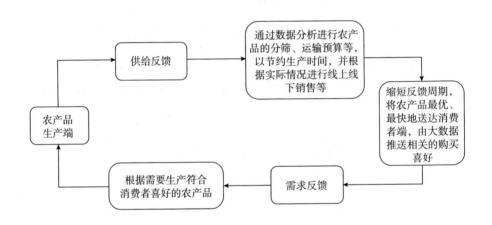

图 3-2　数据要素驱动流通领域的逻辑图

3.1.2.1 农产品流通过程精准化

精准匹配的供需关系使得农产品流通过程畅通无阻。通过数据要素应用，生产者可以在极短的时间内收到消费者的需求反馈。先由某些平台汇集消费者的需求，再由平台反馈给使用平台的生产者，生产者及时调整农业生产的结构，使得生产的农产品满足消费者需求。特别是在各个平台开展专项助农活动后，以农产品预售的方式寻找消费者，使得农产品还未成熟就已经流向市场，减少了农产品成熟后再寻找消费者的时间成本，进而保障了农产品真正成熟后带给消费者的最好体验。借助数据要素应用，使得农产品在流通的前期已经为流通中需要的产品分类、物流配套等做好了准备，最终也将把因流通时间过长造成的农产品质量损失降到最低，由此建立的良好供需关系也使得农产品流通实现精准化。

3.1.2.2 农产品交易信息对称化

数据要素应用使得供需协同，也使得C2B的商业模式成为可能，而C2B的商业模式最大的优点是实现信息的对称传导。例如：一些"网红达人"在西梅成熟前一个月在自媒体平台上进行农产品的预售，刚开始消费者存在疑虑，对预售的反应不强烈，但是随着"网红达人"连续一周对西梅生长的环境进行讲解，让消费者有了直观的感受，一周后的预售订单呈现乘数增加。此外，消费者可以通过平台与生产者进行互动，全方位地了解农产品的生长环境、口感、品质等，甚至一些生产者还通过场景设定，多角度地讲解农产品的食用方法或者烹饪方式。数据要素借助电商平台实现了交易信息的对称，消费者的反馈能左右生产，生产者的产品能满足消费者的需求，两者之间的良好关系能实现农产品销售效率的提升。

3.1.2.3 农产品销售流程实时化

通过农产品电商平台可以对农产品生产、分类、流通等方式进行实时监控，溯源系统的使用使得农产品在各个环节都可以让消费者切身感受，是典型的"互联网+农业"发展模式，通过线上认领租地的方式，消费者可以实时监控个人定制的种植方案，并在成熟后由专门的配送渠道运送到消费者手中。一方面农产品电商平台的应用使消费者从发货到收到农产品可以进行实时掌握运送流程，可以实现农产品销售整个流程的可视化、实时监测化，有利于保障消费者权益不受损失，也会让生产者在农产品销售中更加注重产品的品质，进而影响未来的生产预期变化。另一方面农产品电商平台的应用使农产品的价格、品质等信息公开、透明，消费者可以实时了解农产品的价格变动，然后根据自身的预期完成农产品的采购工作。

总之，数据要素应用通过降低成本、增加产量、稳定价格、畅通渠道等方式促进农业生产总值增加，进而带动农村经济发展。

基于以上分析，提出研究假设1：数据要素通过作用于生产领域、流通领域对农村经济发展具有驱动作用。

3.2 数据要素驱动农村经济发展的协同机制

如表3-1所示，基于"木桶效应"对农村经济发展中生产要素制约短板进行推演，在农村经济发展过程中需要的生产要素不是单一存在的个体，也不能独立发挥作用，需要协同其他生产要素共同作用于农村经济发展。随着农村经济发展的需要，数据要素的作用越来越重要，由于一些原因，数据要素在不同程度上成为要素配置中的"短板制约"要素，会逐渐形成以数据要素、技术要素为主要制约短板的农村经济发展的环境。不容置疑的是，数据要素作为一种新的生产要素，不能单独驱动农村经济发展，需要借助技术创新作为载体，而技术创新需要人才操作，人才的培养和技术的创新需要资金的投入。基于此，本节对数据要素于其他传统要素的作用机理进行分析，从理论的层面构建数据要素和人才、技术、资金之间的协同机制。

表 3-1　"木桶效应"下农村经济发展中生产要素变化规律

	要素排序	
	第一短板（制约短板）	其他木板（按制约程度排序）
第一阶段	土地、资金、劳动、技术	—
第二阶段	资金、技术	劳动、土地
第三阶段	数据、技术	资金、劳动、土地

3.2.1　数据要素与传统要素协同的作用机理

冯科（2022）研究发现，数据融合是实现要素之间的流动，更是多维角度下一种经济关系的反映。冯鹏程（2018）和易加斌等（2021）研究发现，数据要素与传统要素的融合，诸如数据要素和劳动要素、资本要素融合，更有利于经济发展实现乘数效应。数据要素和传统要素融合发展经历了三个阶段，如图 3-3 所示。

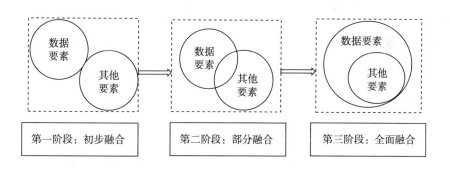

图 3-3　数据要素与其他要素融合的阶段推演

3.2.1.1　第一阶段：数据要素与其他要素初步融合

在第一阶段，数据要素还不是以单一独立的要素形态存在，只是初步贯穿于支撑农业生产和流通领域的各类数字基础设施建设中，通过各个地区建立的基础网络、基站等硬件设施，以建立的各类数据信息中心、"平台+系统"等软件服务设施，为资本、技术等要素在农业生产过程中的融合提供了基础环境，借助运用数据要素各类数字技术的基础设施，可以有效地实现优势信息的共享性，通过数据的分享可以有效缓解个别生产经营主体农业数据不对称或不充分问题，促进农业产业从传统转向数字化，稳步提升农业生产效率和经营主体收益，有利于增加农业产业附加值。换而言之，在基础层中数据要素发挥生产要素的地基作用，在基础设施建设、制度建立、数据要素利用规划等方面，其产业附加值和辐射带动效应也相对较小。在数据要素联动其他生产要素应用于农业生产的基础阶段，主要是对各类要素的基础信息进行收集，为实现数字化农业发展夯实基础。

3.2.1.2 第二阶段：数据要素与其他要素部分融合

在第二阶段，数据要素开始以单一独立的生产要素融入整个农业生产过程，在数字基础设施建立完备的情况下，通过数字技术的应用实现要素之间的最优配置，直接作用于农业生产和流通领域，数字技术的应用将直接带来农业质量提升、农产品数量增多，整个农业产业发展产出持续增多，效率极速提升。农村经济发展中数据要素的运用发挥着无可比拟的作用，承担着驱动农业整个产业体系的升级转型和整个区域协调发展的重要角色，正逐步取代传统生产要素资本和劳动力（经营主体）成为主导农业生产的重要因素，为农业生产领域和流通领域提供动力保障。与基础完善层不同的是，相互融合层更多的是推动产业实现数字化，而农业发展的产业链和区域形成辐射效应，呈现农业产业横向、纵向的延伸，形成动态产业链及产业集聚效应，数据要素成为联动不同主体和农业产业链各个环节的核心要素，传统要素处于被数据要素全面统筹的情况，数据成为指挥农村经济发展的"中控""指挥官"，加速对传统的人才、技术、资本等生产要素实现进一步的数字化改造，实现所有生产要素初步向农村经济发展全要素的数字化转型，也是各类生产要素相互融合的过程。在此阶段，农村经济发展将以农业产业数字化为主导，并广泛与整个农村经济发展的各行各业相结合，促使整个农业经济发展体系生产效率不断提高，深刻改变传统的生产方式和流通形式，实现对传统农产品质量和数量上的升级，特别是一些农产品现阶段存在价格低、品质差的问题，通过对生产者和消费者供给需求的数字化改造，不断催生出更多的新型农业经营主体，形成以数据要素利用为核心的新农业发展模式和业态。

3.2.1.3 第三阶段：数据要素与其他要素全部融合

在第三阶段，数据要素将进一步体现为对整个要素配置的全面优化，实现对传统生产要素全面智能化和数字化的升级，进而实现农村经济发展的全要素融合数字化发展。在此发展过程中，数字技术的应用、数据要素投入生产将成为整个农业生产系统的"助推器"，全要素数字化生产过程是对原有的传统农业进行全面升级，实现了农业大数据、农业区块链和物联网等数字技术与人力资源、资金投入、技术创新、土地资源等协同发展、完全融合，推动形成农村经济发展向智能化、数字化的发展体系。例如：数据要素的应用促使了数据、信息的积累，数据、信息的积累为数字技术创新、农产品升级、农业产业不断发展提供不竭动力，而数字技术进步又反作用于数据要素，数字技术进步可以降低获取数据、信息的成本，可以减少高效利用数据要素的成本，而数字技术的进步还需要人才的保障、资金的支持。

综上所述，所有的生产要素都不是"单打独斗"，既不是单独存在，也不是独立发挥作用，需要彼此之间相互协调、相互融合共同创造农村经济发展的价值，数字化农村经济发展和农村经济发展数字化是数据要素推动农村经济迅速发展的一级和二级"助推器"，全要素融合数字化是长效支撑农村经济发展的顶层设计需要，需要建立要素之间融合发展机制。

3.2.2 数据要素与传统要素协同的实现途径

王建冬等（2022）提出数据要素与传统要素融合利用的基本原理为：基于产业链、整合数据链、联动创新链、激活资金链、培育人才链，即围绕产业链的不同环节，以多源异构数据融合为基础，动态联动人才链、资金链、创新链上的不同主体、不同要素。基于此，本书从数据要素与技术、资金、人才三个方面构建促进农村经济发展的逻辑。

3.2.2.1 以数据要素带动多种技术的投入

技术要素作用于农村经济发展与市场互动发展程度较深，而数据要素通过技术要素对农村经济发展的驱动作用的乘数效应更为显著。首先，数据要素凭借农业数字技术的运用获取更多的数据资源与运用主体；其次，农业数字技术（互联网、人工智能、5G 应用等）便于各个主体定位获取需要的数据要素，通过数字技术提升整体的耦合效率；最后，数字技术的普遍应用有助于提升数据要素利用水平，数据要素市场也不仅仅局限于电子商务的发展，自媒体的发展、网红经济的背后都是数据要素利用水平不断提高，通过直播带货、助力农产品销售，带动"线上+线下"产业链的发展，在一定程度上扩大了外部区域的市场潜能。

农业数字技术对农村经济发展的作用。一方面，农业数字技术的运用催生出许多新兴农业，迫使传统的生产要素不断与数据要素融合发展，扩宽农业产业的发展规模，将传统的种植业、农产品加工业、"线上+线下"销售、配套的电商与物联网的应用等新旧业态联合联动起来，农业数字技术更是融合在农村经济发展的全产业链中，为农村经济发展提供保证。另一方面，农业数字技术的运用催生出许多农业发展新业态，催生出大量的创业与就业机会，拉动农村经济增长。数据要素利用依托数字技术为基石，两者之间相辅相成，同时并深刻影响着农村经济发展。

3.2.2.2　以数据要素带动各项资金的投入

在当前信息化和数字化的时代，大数据和人工智能已经成为推动经济和社会发展的重要引擎。为了进一步发挥大数据和人工智能的作用，本书提出了三个关键点，以优化金融政策、构建多元投资渠道和鼓励数据交易为主要措施，推进大数据和人工智能在产业中的应用。首先，优化金融政策，发挥政府引导作用，支持实体经济企业开展信息化建设和大数据分析业务，推动大数据和人工智能在产业中的应用。政府可以通过建立相关政策和监管机制，鼓励企业投资于大数据和人工智能相关领域，为企业提供财政扶持和税收优惠，以及其他方面的支持和帮助，促进企业的信息化与数字化转型。其次，设立产业基金，构建多元投资渠道，促成创新成果转化与产业化发展，积极调动社会风投资金，直接向特定行业企业提供数据支持与信息服务。政府可以通过建立多元化的投资渠道，引入风险投资和产业资本，支持技术创新和产业转型，促进大数据和人工智能相关技术的应用和推广。最后，鼓励数据交易，释放企业数据红利，成立国家级产业大数据交易中心，促进多源数据流通共享，助力企业发展与经济增长。政府可以通过建立数据交易平台以及相关的法律和政策框架，鼓励企业间的数据交易和共享，发掘数据的价值和潜力，推动产业发展和经济增长。大数据和人工智能已经成为推动经济和社会发展的重要引擎，优化金融政策、构建多元投资渠道和鼓励数据交易是促进大数据和人工智能在产业中应用的重要措施。通过这些措施的实施，可以更好地发挥大数据和人工智能的作用，推动经济和社会的发展。

3.2.2.3　以数据要素带动综合人才的投入

近年来，随着经济社会的快速发展，人才已经成为各行各业中最为稀缺的资源之一。因此，为了在人才竞争中抢占先机，各地政府需要加强人才发展体制改革创新，下好人才"先手棋"。为了实现这一目标，一些地方政府开始积极探索新的人才培养模式。其中，创建"数据大学"是一种比较新颖的做法，这种大学致力于培养数据科学领域的专业人才，打造人才"新磁场"。通过这种方式，政府可以为企业提供更多更好的人才资源，推动经济发展。除了加强人才培养，政府还需要健全服务机制，激发人才创造力。为了实现这个目标，政府可以采取一系列措施，例如提供更好的职业发展机会、完善社保政策、优化创业环境等。这样可以提高人才的归属感和获得感，进而激发他们的工作热情和创造力。综上所述，加强人才发展体制改革创新、创建"数据大学"、健全服务机制等措施都是政府下好人才"先手棋"的重要手段。只有通过这些努力，政府才能够为企业提供更多更好的人才资源，推动经济社会的可持续发展，此外还需要落实人才创新技术服务的配套措施。

基于以上分析，提出研究假设2：数据要素需要技术支持作为载体，技术的创新需要人才和资金的保障，反过来，数据要素对劳动力、技术和资金要素优化配置具有一定的驱动作用，同时数据要素协同劳动力、技术和资金要素对农村经济发展具有一定的驱动作用。

3.3 本章小结

基于生产领域、流通领域构建数据要素驱动农村经济发展的动力机理，在生产领域，数据要素可以实现农业生产精准化、智能化，使得农业生产资料和要素配置更加优化，农产品质量得到保障，对于农业发展来说，农业总产值的增加依托成本降低、农产品产量增加、农产品附加值增加等多方面实现。在生产领域，依托数字技术实现了生产成本、产品质量控制。在流通领域，借助农村电子商务实现了农产品销售精准化、流通信息对称化，帮助农业实现产业融合，增加农产品附加值。值得思考的是，在农村社会再生产的环节中，土地要素不可忽视，随着技术的进步，农业生产已经不再过度依赖土地要素投入，故本书基于人才、技术和资本要素构建要素协同联动的机制。在充分考量数据要素在不同阶段与人才、技术和资本要素的融合前提下，提出全要素融合数字化是未来农村经济发展的趋势，并根据发展趋势提出相应的实现途径。

第4章　新疆地区自然、社会环境及数据要素现状分析

4.1　新疆地区自然、社会和经济概况

4.1.1　新疆地区自然资源情况

4.1.1.1　土地资源情况

新疆地处中国西北，面积为166.49万平方公里，其地貌可以概括为"三山夹两盆"，现有绿洲面积14.3万平方公里，占新疆总面积的8.7%。新疆土地资源丰富，耕地面积为10557.88万亩、园地面积为1605.21万亩、林地面积为18318.76万亩、草地面积为77978.96万亩、水域及水利设施用地面积为7962.81万亩（见表4-1）；但是土地质量处于中等水平，根据农业农村部耕地质量监测保护中心2020年发布的数据，将7863.43万亩耕地作为基数

进行评价，平均等级仅为 5.11 等，其中高等级（1～3 等）的耕地面积为 2157.73 万亩，中等级（4～6 等）的耕地面积为 3326.23 万亩，低等级（7～10 等）的耕地面积为 2379.47 万亩，高、中、低等级的耕地分别占二级区耕地面积的 27.44%、42.30%、30.26%。

表 4-1　新疆主要的土地资源情况　　　　单位：万亩

一级指标	二级指标	亩数
耕地	水田	90.15
	水浇地	10135.19
	旱地	332.54
园地	果园	1537.08
	其他园地	68.13
林地	乔木林地	4296.45
	灌木林地	12193.98
	其他林地	1828.33
草地	天然牧草地	59397.13
	人工牧草地	223.69
	其他草地	18358.14
水域及水利设施用地	河流水面	2055.33
	湖泊水面	1262.56
	水库水面	341.66
	坑塘水面	278.77
	沟渠	642.66
	水工建筑用地	45.52
	冰川及常年积雪	3336.31

资料来源：《第三次全国国土调查主要数据公报》。

4.1.1.2　水资源情况

新疆水资源总量为 809.04 亿立方米，水资源总量相对丰富，年内季节性不平衡，年降水量达 2638 亿立方米，水资源节水灌溉技术纯熟，同时水土流失治理取得了一定成效，整体水资源满足当地居民生产、生活需求。如表 4-2 所示。

表 4-2　新疆水资源情况　　　　　　　单位：亿立方米

指标	数值
降水量	2638.00
表水资源量	767.80
地下水资源量	434.15
地下水资源与地表水资源重复计算量	392.91
全疆水资源总量	809.04

资料来源：《2021 年新疆水资源公报》。

4.1.1.3　气候资源及特征情况

新疆属温带大陆性干旱气候，其一般性气候特征是干旱少雨，气温年、日相差较大，光照较为充裕，全年平均温度 8.7℃、平均降水量 199.6 毫米、平均日照 2771.8 小时。全疆全年气温、日照时长普遍是天山以南区域高于天山以北区域，降水与之相反，天山以北区域多于天山以南区域，如表 4-3 所示。

表 4-3　新疆各地州市主要城市的气候情况

单位：℃，毫米，小时

	全年平均温度	全年降水量	全年日照量
乌鲁木齐市	8.7	199.6	2771.8
克拉玛依市	9.2	123.7	2807.4
石河子市	8.7	103.7	2610.3
阜康市	8.1	134.8	2600.4
米东区	9.7	140.3	2507.4
伊宁市	10.6	190.5	2597.6

续表

	全年平均温度	全年降水量	全年日照量
塔城市	9.2	123.7	2807.4
阿勒泰市	5.5	151.8	2883.6
博乐市	7.8	175.3	3022.5
库尔勒市	12.1	64.1	2375.1
阿克苏市	12.2	73.5	2547.2
阿图什市	12.6	154.8	2609.0
喀什市	14.0	47.9	2788.4
和田市	11.4	41.0	3107.0
高昌区	16.3	15.0	2838.9
伊州区	10.7	21.5	3176.4

资料来源:《新疆统计年鉴 2021》。

4.1.2 新疆地区社会情况

4.1.2.1 新疆人口分布及受教育程度

新疆常住人口为 25852345 人,其中城镇人口为 14613622 人,乡村人口为 11238723 人。新疆的平均城镇化率达 56.53%;受教育状况的持续改善,人口素质不断提升,15 岁及以上人口的平均受教育年限为 10.11 年;总人口性别比(以女性为 100,男性对女性的比例)为 106.85,如表 4-4 所示。

表 4-4 新疆人口基本情况 单位:人,%

一级指标	二级指标	人口数	占比
地区	城镇	14613622	56.53
	乡村	11238723	43.47
性别	男性	13354380	51.66
	女性	12497965	48.34

续表

一级指标	二级指标	人口数	占比
年龄	0~14 岁	5806156	22.46
	15~59 岁	17129180	66.26
	60 岁以上	2917009	11.28
受教育程度	大学（指大专及以上）	4274826	16.54
	高中（含中专）	3414458	13.21
	初中	8158620	31.56
	小学	7343482	28.41

资料来源：七次人口普查数据。

4.1.2.2 新疆县、乡（镇）分布

新疆的县、乡（镇）主要集中在有限的绿洲上，县、乡（镇）聚落整体分布较为密集，但又存在显著的空间差异性，大部分乡村聚落的规模分布在空间上存在显著的集聚特征。县、乡（镇）主要分布在山麓及盆地边缘的绿洲。在行政区划上，新疆下辖 14 个地州市、106 个县（市）、1128 个乡镇，如表 4-5 所示。

表 4-5　新疆各地州市的县乡村分布情况　　　　单位：个

区划名称	地级 区划数	县级 区划数	乡镇级 区划数
乌鲁木齐市	1	8	104
克拉玛依市	1	4	16
吐鲁番市	1	3	30
哈密市	1	3	43
昌吉回族自治州	1	7	79
伊犁州（直属）	1	11	115
塔城地区	1	7	75
阿勒泰地区	1	7	60

续表

区划名称	地级	县级	乡镇级
	区划数	区划数	区划数
博尔塔拉蒙古自治州	1	4	23
巴音郭楞蒙古自治州	1	9	93
阿克苏地区	1	9	97
克孜勒苏柯尔克孜自治州	1	4	38
喀什地区	1	12	184
和田地区	1	8	95
总计	14	106	1128

资料来源：《新疆统计年鉴 2021》。

4.1.3　新疆地区经济发展情况

4.1.3.1　新疆地区生产总值和三次产业结构情况

2022 年，新疆地区生产总值为 17741.34 亿元，国民经济发展水平与结构在宏观层面上影响着数据要素应用，第一产业增加值为 2509.27 亿元，占比为 14.1%；第二产业产值为 7271.08 亿元，占比为 41.0%；第三产业产值为 7960.99 亿元，占比为 44.9%。如表 4-6 所示。

表 4-6　2022 年新疆地区生产总值情况　　单位：亿元，%

指标	数值	占地区生产总值的比重
第一产业增加值	2509.27	14.1
第二产业增加值	7271.08	41.0
第三产业增加值	7960.99	44.9

资料来源：《新疆维吾尔自治区 2022 年国民经济和社会发展统计公报》。

4.1.3.2　新疆农林牧渔业总产值情况

作为衡量农村经济发展情况的重要指标，农林牧渔业总产值是首要选择，农林牧渔业总产值是基于研究农业各产业之间关系的基础指标。新疆农林牧渔业总产值从 2013 年的 25388809 万元增长到 2020 年的 43156058 万元，增长了 69.98%，其中 2020 年农业生产总值占比为 68.4%，如表 4-7 所示。

表 4-7   2022 年新疆地区生产总值情况   单位：万元，元/人

年份	农林牧渔总收入	农民人均收入
2018	36377891	11975
2019	38506455	13122
2020	43156058	14056

资料来源：《新疆统计年鉴 2021》。

4.2   新疆数据要素应用现状分析

4.2.1   新疆数据要素的总体应用情况

深入了解新疆数据要素应用及经济发展的现状，本节基于《新疆数字经济发展研究报告（2022）》中数字产业化和产业数字化两个方面来进行分析，如表 4-8 所示，新疆整体的数据要素应用于经济发展存在区域差异，数字经济发展较好的地区为乌鲁木齐市、伊犁哈萨克自治州直属（以下简称伊犁州直属）、昌吉回族自治州（以下简称昌吉州）、克拉玛依市。总体来看，新疆数据要素应用于经济发展中的数字产业化规模均远远低于产业数字化的规模，此外基于国民生产总值的数据可以发现，个别经济发展较好的地区反而与数字经济发展规模呈现负相关关系，其中较为突出的是巴音郭楞蒙古自

治州（以下简称巴州），国民生产总值位于比较高的水平，但是数字经济发展规模占 GDP 比重却处于一个相对低的水平。

表4-8 新疆地区数字经济发展总体情况   单位：亿元，%

地区	数字经济规模		数字产业化规模		产业数字化规模	
	产值	占 GDP 比重	产值	占 GDP 比重	产值	占 GDP 比重
乌鲁木齐市	1420.56	36.49	136.68	3.49	1284.88	33.00
昌吉回族自治州	654.26	30.16	56.43	2.60	597.84	27.56
阿克苏地区	489.98	28.17	32.60	1.87	457.38	26.29
伊犁州直属	479.92	31.49	121.03	7.94	358.89	23.55
克拉玛依市	361.90	30.46	11.09	0.93	350.81	29.53
喀什地区	323.00	23.60	29.58	2.16	293.41	21.44
巴音郭楞蒙古自治州	307.27	20.22	14.85	0.98	292.42	19.24
塔城地区	235.61	26.85	23.51	2.68	212.10	24.17
哈密市	183.99	21.17	9.37	1.08	174.62	20.09
吐鲁番市	130.14	24.72	4.76	0.90	125.38	23.81
和田地区	119.60	24.38	9.77	1.99	109.83	22.39
博尔塔拉蒙古自治州	114.28	23.73	4.44	0.92	109.83	22.80
阿勒泰地区	51.19	12.81	4.35	1.09	46.84	11.72
克孜勒苏柯尔克孜自治州	35.22	16.22	3.05	1.40	32.17	14.82
全疆	4906.92	28.42	460.51	2.67	4446.41	25.75

资料来源：《新疆数字经济发展研究报告（2022）》。

4.2.2 新疆数据要素的县市应用情况

4.2.2.1 数字基础设施建设及应用情况

根据调研数据形成表4-9，指标主要是对传统农业生产所需要的水电设施的数字化升级改造进行考量，通过对 29 个县市的问卷调查的结果分析发现，新疆传统基础设施升级改造中克孜勒苏柯尔克孜自治州（以下简称孜克州）、和田地区整体推进的进度处于较为缓慢的阶段，巴州的水电设施升级改造的力度较大，巴州选取的 4 个县市中有 3 个县市均完成了水电传统设施的升级改造。此外，新疆农村电网数字化改造进度远远高于水利工程和水网智能化改造，主要是新疆在巩固脱贫攻坚成果与乡村振兴有效衔接阶段持续改善农村居住环境的要求使然。

表 4-9　新疆 2022 年传统水电基础设施建设升级改造情况　　单位：%

一级指标	二级指标	结果	占比
传统基础设施升级改造	农村水利工程是否进行智能化升级	16 个县市已完成改造	55.17
	农村电网是否进行数字化改造	21 个县市已完成改造	72.41
	农村水网智能化是否升级	16 个县市已完成改造	55.17

资料来源：调研问卷数据统计整理。

根据调研数据形成表 4-10，通过对数据要素应用的基础平台的运维情况进行了解可以发现，粮食安全问题是各个县市的底线问题，29 个县市均建立了粮食信息化服务平台，完全做到了全覆盖。对于乡村振兴大数据平台的维护是基于对乡村振兴工作支持，各个县市均按照要求进行定期维护，保障各类基础数据的精准。但是在单品种产业链数据库建设方面新疆存在薄弱的一面，已经建设单品种产业链的县市多为具有地标农产品的县市，故单品种产业链发展达到相对稳定的阶段，说明其他县市还需要根据本县市的基本情况做好特色农产品的产业链的延伸。有 22 个县市建立了重要农产品市场监测预警体系，占总调研样本的 75.86%，说明个别县市对农产品市场监测的重要性认识还不到位，忽视数据分析对市场的反馈作用，现在市场反馈对生产的作用日益重要，忽视市场反馈作用就会生产出不符合消费者需求的农产品，不利于农产品销售。

表 4-10 数据要素应用基础平台的建设维护情况 单位：%

一级指标	二级指标	结果	占比
数据要素应用基础平台	是否定期维护乡村振兴大数据平台	29 个县市均定期维护	100.00
	是否建设单品种全产业链数据库	9 个县市已建立	31.03
	是否建立重要农产品市场监测预警体系	22 个县市已建立	75.86
	是否建有粮食信息化服务平台	29 个县市均建立	100.00

资料来源：调研问卷数据统计整理。

4.2.2.2 数据要素应用于生产领域情况

根据调研数据形成表 4-11，由此可知，在农业生产数字化改造方面，调研的新疆 29 个县市中有不到一半的县市完成农业生产的数字化改造，但是农产品质量安全追溯平台有 22 个县市建立，说明各县市越来越重视农产品质量安全问题，在生产的新型经营主体服务管理方面建设有服务中心的有 26 个县市，说明在农村经济发展中，越来越重视对新型农村经营主体的服务管理，逐渐形成新型经营主体的服务管理专业化、全面化。在农业生态保护信息化建设方面主要从生产资料投入平台、病虫害监管、生态监测系统以及生态监管平台四个方面去考量，主要是为了智能化地了解整个生产流程是否实现绿色化生产，是否能做到智能化管理生产资料投放，保证食品安全的需要，但是对农村生态管理和监管平台还存在需要完善的阶段，从侧面反映出个别县市食品安全的意识还未完全形成。病虫害属于生物灾害，特别是农产品种植对于病虫害监测十分重要，例如：核桃种植的黄刺蛾监测、棉花种植的红蜘蛛监测等，需要根据不同的作物种植形成统一的监测平台，更好地服务于农业生产。

表 4-11　数据要素应用生产领域情况　　　　　单位：%

一级指标	二级指标	结果	占比
农业生产 数字化改造	是否建有智慧农场	13 个县市已经建设完成	44.83
	是否建有主要农产品质量安全追溯管理平台	22 个县市建设完成	75.86
农业科技信息 服务体系建设	是否有面向新型农业经营主体和小农户的信息综合服务中心	26 个县市已经建立	89.66
生态保护信息化	是否建有农业投入产品监管平台	22 个县市建设完成	75.86
	是否实现农村生态系统的动态监测、智慧监管	13 个县市已经建设完成	44.83
	是否建有病虫害预测监测系统	20 个县市已经建成	68.97
	是否建有农村生态系统监管平台	13 个县市已经建设完成	44.83

资料来源：调研问卷数据统计整理。

　　根据以上分析可以得到调研的新疆 29 个县市或多或少建立了各种数据要素应用的"软件"，与此同时为了综合考量各类数字要素应用平台的使用情况，分别在 29 个县市随机选取 5 名新型经营主体和 10 名普通农户对数据要素应用的情况进行问卷测评，如表 4-12 所示。普通农户使用县市建立平台或使用过数字平台的频次较少，选择数字技术进行农业生产的意愿不是很强烈，投入资金用于更新智能化设备的农户分布在 20 万元以下；相反地，新型经营主体对平台使用相对频繁，会经常选择数字设备进行农业生产，同时也愿意投入更多的资金用于设备的升级。一方面是由于普通农户的资金积累较少，对于资源的掌握没有新型经营主体的充分；另一方面是由于新型经营主体的抗风险能力远远高于普通农户，故更愿意尝试提高生产效率的数字产品。

表 4-12　数据要素应用生产领域情况

指标	统计分布	普通农户	新型经营主体
使用过县市建设平台或者其他企业数字产业发展平台的农户	未使用过	86（29.66%）	28（19.31%）
	1 个月使用 5 次以内	125（43.10%）	15（10.34%）
	1 个月使用 5~20 次	44（15.17%）	37（25.52%）
	1 个月使用 20 次以上	35（12.07%）	65（44.83%）
是否会选择使用数字技术进行农业生产	会经常选择	89（30.69%）	89（61.38%）
	一般会选择	158（54.48%）	29（20.00%）
	不会选择	43（14.83%）	27（18.62%）
未来会投入多少资金更新进行基础设施智能化更新	30 万元以上	26（8.97%）	25（17.24%）
	20 万~30 万元	32（11.03%）	68（46.90%）
	10 万~20 万元	135（46.55%）	33（22.76%）
	10 万元以下	97（33.45%）	19（13.10%）

资料来源：调研问卷数据统计整理。

4.2.2.3　数据要素应用于流通领域情况

数据要素在流通领域的应用主要是通过对 29 个县市的电子商务发展情况、农村新业态发展情况和数字金融支持情况进行分析。其中农村电子商务主要选取的是"快递进村"的覆盖情况，是基于农村电子商务渠道畅通程度的考量。如表 4-13 所示，新疆 29 个县市中有 6 个县市未实现"快递进村"，从侧面反映了快递未覆盖将大大影响农村电子商务发展进程。此外在农村新业态中以"互联网+农村旅游"的模式推广应用的县市较多，主要原因是近两年新疆文旅事业打通了"任督二脉"，文旅事业发展得如火如荼，而借助旅游热的"东风"延伸出来的"互联网+农村旅游"的方式越来越普及，农产品销售的方式也随之发生变化。根据调研数据，新疆调研的 29 个县市中有 22 个县市已经设置有线上宣传农旅的公众号，而且是以政府主导的融媒体中心，同时有 23 个县市已经有一批具有"乡愁"的年轻的自媒体人回乡创业，说明在人才振兴的背景下，农村为了能吸引更多的人返乡干事创业也是"八仙过海各显神通",相关部门也越来越关注"新农人"的作用。此外还有 16 个县市已经完成对农村旅游的智能化升级,再次对涉及的 16 个县市进行了了解,一方面是因为这 16 个县市在农村旅游方面均发展较好,另一方面是因为这 16 个县市均具有代表性的特色农产品和区域特色农产品品牌。

表 4-13　数据要素应用流通领域情况　　　　　　　单位:%

一级指标	二级指标	结果	占比
农村电子商务	"快递进村"工程覆盖面	全部行政村	79.31
		部分行政村	20.69
农村新业态	是否推进乡村旅游"智慧"升级	16 个县市已升级	55.17
	是否有休闲观光农村、美丽乡村网上宣传平台	22 个县市有线上宣传平台	75.86
	是否有返乡、下乡人员利用"互联网+"(自媒体)开展创新创业情况	23 个县市有该类情况	79.31

资料来源:调研问卷数据统计整理。

如表 4-14 所示,农村经济发展数字金融支付力度较小,调研的 29 个县市中有数字金融支出的县市未过半数,其中存在农业供应链金融服务的县市有 14 个,占调研县市的 48.28%;数字技术应用与农业金融的县市有 13 个,占比为 44.83%,主要开展的业务是实现农业金融服务设备化、手机智能化,特别是各地区的农村信用合作社可以用微信或者 App 开展掌上金融贷款的业务,同时根据分析注册者的相关收入、职业或者资金用途参与农业信贷业务的开展,通过数据要素与农业金融服务相融合,可以实现数据与农户金融行为进行分析,是数字金融发展的基础;实现数字普惠金融覆盖的县市有 11 个,虽然数字普惠金融在新疆农村经济得到了运用,但是推广应用范围不广泛,对新疆农村经济发展的数字金融支持发展存在一定的阻碍。在流通领域,数字金融的保障也是至关重要的,针对新型经营主体和普通农户应该建立起保障产业发展的数字金融支持、数字普惠金融支持等相关的金融支出项目，同时结合农产品流通提供相关的数字支付设备的保障。

表 4-14　农村经济发展数字金融支持情况　　　　单位：个，%

指标	结果	县市	占比
是否存在农业供应链金融服务	是	14	48.28
数据要素技术是否应用于农业金融	是	13	44.83
数字普惠金融覆盖县市	是	11	37.93
数字普惠金融使用县市	是	11	37.93

资料来源：调研问卷数据统计整理。

4.2.2.4　数据要素应用的制度保障情况

制度建立是数据要素驱动新疆农村经济发展的制度保障，新疆各县市都开展了法律的宣讲工作，也针对数据要素利用的主体进行了积极宣传，说明新疆的经营主体对数据安全的保护意识较强，在数字金融领域使用电子合约或制度的较多，其他农业生产行业的电子合约或者制度适用的范围较小，如表 4-15 所示。

表 4-15　农村经济发展数据利用制度保障情况　　　　单位：个，%

指标	结果	县市	占比
是否存在电子合约或者制度	是	14	48.28
是否建立相关约束电子合约的法律或者制度	是	16	41.38
是否针对数据要素农业主体进行规范或者法律宣传	是	12	55.17
是否开展过法律宣讲	是	18	62.07

资料来源：调研问卷数据统计整理。

4.3 数据要素应用的核心阻力

4.3.1 关键数字基础设施建设需重点突破

数字基础设施建设是数据要素应用的保障，但是数字基础设施建设需要从软硬件设施两方面来建设。硬件设施建设方面，一是硬件设备的覆盖面较低，新疆部分县市还未做到农村网络覆盖，5G 网络在乡村覆盖率也相对较低，5G 基站的建立仅限在县市周围的乡村。二是物联网设备的投入相对薄弱，数字设备仅限在高标准农田或者农业产业园改造中使用传感器，涉及农业水电智能化改造均未做到全覆盖，甚至一些县市的电网加压改造还未完成，这对实现数字化基础设施建设有一定的阻碍作用，因为电网不加压将会造成在使用数字技术时因压力过载而停电短路。三是农村"快递进村"的覆盖率虽然达 80%，但是距离符合电子商务发展的要求还相对不够。四是一些县市仅重视对数字技术硬件设施的投入，而忽略了数据载体的计算机作为媒介交换的作用，对计算机更新换代不及时。在软件设施建设方面，新疆的平台、系统多种多样，但是通过归类发现平台、系统同质化严重，功能趋同，除此之外对农村生态监测的平台建设还相对欠缺，难以支撑农村生态监测服务和保障农村生态环境。另外，虽然在西北地区建立了"东数西算"的发展战略，但是其算力的辐射难以覆盖新疆，而数据要素应用需要的数据呈现爆发式增长，如果数据资源想要变成数据生产要素，就需要强大的数据运算能力。

4.3.2　数字技术创新能力有待提升

作为数据要素应用的载体，数字技术发挥着不可替代的作用，但是新疆的数字技术能力有待提升，主要表现为：一是核心数字技术供给不足。在整体大环境核心技术需要进口的前提背景下，我国数字产业存在多项关键技术短板，数字技术应用软件、5G 芯片等核心工具和数字产品大部分依靠进口，而新疆对数据要素应用的发展原本就起步晚，对数字技术的积累不足，甚至在引进数字技术时由于不了解，引进的并不是高精尖的数字技术，直接导致数字基础能力薄弱、数字产业发展落后、创新能力欠缺的情况出现，新疆的核心技术供给主要依赖央企和内地企业，数据要素对农村经济发展的驱动力明显不足。二是本地创新型数字农业的人才匮乏。随着农业生产、流通出现新业态、新模式，新疆对数字信息人才、电子商务管理人才等各方面的数字人才的需求不断增加，在吸引北疆、内地高精尖数字人才的动力不足的情况下，新疆高端人才资源有限，数字农业发展需要的人才缺口逐渐变大。此外，北疆地区的发达城市存在较强的虹吸效应，一些具有平台运营、技术开发等创新能力的数字农业发展人才大多选择去发达城市就业，进一步加剧了新疆创新型数字农业生产、流通的人才的匮乏。三是创新激励机制不完善。政府层面针对数字经济、数字农业创新技术的激励机制有所欠缺，不够细化，社会层面未形成浓厚的创新、创业氛围，对于数字技术研发的资金保障制度也还未建立。

4.3.3　新疆数据要素应用驱动农村经济的作用受限

数字经济已经成为全球经济的重要组成部分，而数字要素则是维持数字经济形态的关键生产要素。新疆的数字资源积累虽然有一定的基础，但是这些数字资源并没有得到充分整合和利用。在新疆政府机关掌握大量数据资源的情况下，政府对数字资源的开放程度也不够，导致数据资源碎片化现象严重。一些新疆内外的企业和平台将自己的数据资源视作自认产品，形成了"数据孤岛"现象。这些现象导致数字资源的浪费和数字要素使用效率低下，阻碍了新疆农村经济向数字化转型，严重制约了数据要素应用于新疆农村经济发展。同时，农民的数字意识淡薄，对政府公共平台的使用频次较低，对数据资源利用不够。另外，许多中小企业对数据资源并没有进行主动开发，只是一味地进行数据信息的收集，大大制约了数据资源转化为数据要素的效率，这种现象使得数字要素的应用程度不够高，也加剧了数字资源的浪费和数据资源碎片化现象。影响了新疆原本的农村经济发展水平，原有的农业发展模式、农产品销售模式等都会影响数据要素应用，进而使得数据要素驱动农村经济发展可能存在动力不足的情况。

4.3.4 农村经济发展产业数字化转型基础薄弱

在新疆数字经济发展滞后的大环境下，新疆各类行业的参与程度偏低，数字产业化程度偏低，再加上新疆部分地区对于传统农业的数字化改造才刚刚开始，两者之间的深度融合程度还不够高，导致新疆农业生产领域、流通领域的数字化改造进程十分迟缓。一是缺乏具有较大影响力、具有较强引领作用的大型农业企业或者农产品流通平台。根据同花顺财经网站统计，在新疆目前上市的58家企业中只有2家企业涉及计算机和信息通信领域，且均不在新疆。在平台建设方面，新疆建成的大宗商品交易平台、跨境电商平台与疆内其他平台相比，在用户规模和交易规模上都比较小，平台的覆盖面和影响力也不大，虽然已经出现了一些具有代表性的平台，但是缺少具有影响力的平台。总体来讲，新疆农业生产和流程数字产业还没有形成稳定的产业链，各区域之间还没有达到协调发展的程度，在关键行业中的技术创新水平还很低。二是在实施数字技术改造方面，对传统农业的改造仍然存在很大难度。通过对东部地区和疆内各大企业的实践分析，我们发现涉农企业之间的数字经济发展呈现出一定的"马太效应"现象。大企业的数字化在数量和质量上都远远超过了中小企业，而且这个差距还在持续变大。在政府推进产业数字化的进程中，大企业可以更好地利用自己的资金、管理、人才等优势，更好地借助政策实现迅速发展，而中小企业因为资金和人才的不足，常常会陷入被动的适应局面。同时，由于数字基础设施和数字技术研发和创新均要求在初期进行巨额的固定投资，因此，长期的投资回报和亏损风险更是加剧了"马太效应"。

4.3.5　"数字鸿沟"成为制约区域协同发展的关键阻力

在数字时代，数据要素应用已经成为推动经济增长的主要力量。然而，数据要素应用的发展并不均衡，不同区域之间的数据要素应用发展规模差距悬殊，形成了明显的"数字鸿沟"，制约着区域协同发展的最大阻力。"数字鸿沟"问题导致区域数据要素应用发展差距明显。这种差距不仅体现在数据要素应用的总体规模上，而且还体现在数据要素驱动农村经济发展上。北部地区的数据要素驱动农村经济发展动力要远高于新疆，使得区域数据要素应用的差距越来越大。"数字鸿沟"已经成为制约区域协同发展的最大阻力，数据要素驱动农村经济发展已经成为区域协同发展的重要支撑。"数字鸿沟"使得南北地区发展数字化农业路径和方式存在很大的差异，进一步影响了区域协同发展的步伐。

4.3.6　数据要素应用的制度供给相对不足

随着数字经济的快速发展，数据成为了经济发展的核心要素，数据要素市场机制的创新和完善变得尤为重要。然而，当前的数据要素市场机制存在诸多问题，如权属问题、估值问题、使用问题等方面的定义模糊，缺乏制度支撑，定价机制和交易机制也不健全。这些问题给数据要素市场带来了一定的不稳定性，同时也阻碍了数字经济的发展。

首先，权属问题是当前数据要素市场面临的一大挑战。由于数据的特殊性，权属问题往往比较复杂。当数据的产权归属不清晰时，会给数据要素市场带来不确定性。因此，需要建立一套完善的权属制度，明确数据产权的归属问题，从而保障市场的稳定和发展。其次，估值问题也是当前数据要素市场存在的问题之一。由于缺乏有效的估值机制，数据要素市场中的数据价格往往不确定，难以进行合理的定价，这也影响了数据要素市场的交易效率和市场的稳定性。随着数字化进程的加速，数据安全防护难度逐渐加大，安全监管机制面临着前所未有的挑战。当前，相关数据泄露的风险比较突出，个人信息非法售卖问题也较为严重，这对数据安全产生了严重的威胁。同时，网络安全产品自身的漏洞风险也在上升，网页仿冒诈骗问题骤增。这些问题不仅让消费者感到不安，也对企业的数字安全造成了巨大冲击，有些企业甚至因为数据安全问题而遭受重大损失。与此同时，平台经济面临严峻的平台垄断问题，以及相关责任分配制度不足等问题，这使得数字安全问题更加复杂。最后，涉及数字金融制度或者涉农行业制度保障存在不到位的情况。新疆各县市的电子合约或者制度还未建立，甚至对一些数据要素应用主体的行为规范性约束也未建立。值得一提的是，新疆在法律宣讲方面工作开展得很到位，但宣讲的法律仅限于基于"电信诈骗"的网络安全的宣传，对数据信息采集工作、个人生物信息保护还没有意识。

4.4 本章小结

    本章首先从自然、社会及经济发展情况对新疆的农村经济发展环境进行描述分析，综合了解了新疆的各类资源禀赋的基本情况，其他通过借助《新疆数字经济发展研究报告（2022）》、《县域数字乡村指数》（2018～2020年）和新疆 29 个县市的调研数据，从数字经济发展情况、数字乡村发展情况、数字产业发展情况及各县市生产领域、流通领域的数据要素应用情况，普通农户及新型农村经营主体对数字平台的应用情况及使用意愿进行分析。其次对各县市的调研结果中阐述出数据要素利用的制度保障情况进行描述性分析。最后根据总体的分析情况找到制约新疆数据要素驱动农村经济发展存在的阻力并进行分析，主要阻力是从基础设施建设薄弱、技术障碍、数字产业和其他产业融合发展程度、制度保障不足、存在"数字鸿沟"及动力不足六个方面进行阐述。

第5章 数据要素应用水平测度及分析

本章的主要内容是从新疆 14 个地州市和 42 个县市两层区域层面对数据要素应用水平进行测度，本书借鉴《县域数字乡村指数》的指标体系，并将数据倒推到三级指标后，结合调研数据，建立数字基础设施、数字金融、数字生产和数字流通 4 个维度 21 个指标进行标准化处理后，运用线性加权的方法确定各级指标的权重，最终形成新疆 14 个地州市和 42 个县市的数据要素应用指数。

5.1 数据要素应用水平测度及评价

本节通过阈值法对数据进行处理并赋权，主要考量的是数据要素应用的实际需要测量指标和新疆的具体发展情况进行构建的指标体系。

5.1.1 数据要素应用水平的测度方法

本章根据数据要素概念界定的内涵及外延，在分析数据获得性的基础上，

从数字基础设施建设、数字金融、数字化生产和数字化流通 4 个维度将数据
要素指数进行分解，其中除基础设施建设维度主要是从互联网建设和农业管
理平台建设情况进行测度外，其他 3 个维度均从基础与影响的角度考量数字
化生产、数字化流通及数字化金融的情况，由此设计了如表 5-1 所示的数据
要素应用指数测度体系，以对新疆全疆 14 个地州市及 42 个县市数据要素应
用水平进行全面度量。

表 5-1　数据要素应用水平指数测度指标体系

	一级指标及权重	二级指标及权重	三级指标及权重	指标属性
数据要素 应用水平 指数	数字基础设施 建设指标（0.25）	互联网建设 （0.125）	5G 基站数量（0.0625）	正
			农村网络覆盖率（0.0625）	正
		农业服务平台 建设（0.125）	农业管理平台（0.0625）	正
			农产品市场监测平台（0.0625）	正
	数字金融建设 指标（0.25）	数字金融基础 （0.0125）	数字普惠金融服务站覆盖率（0.0625）	正
			数字普惠金融服务站使用率（0.05）	正
		数字金融影响 （0.125）	数字化金融制度建立（0.0125）	正
	数字化生产 指标（0.25）	智能化生产基础 （0.125）	现代农业示范项目建设（0.0417）	正
			现代农业富民产业园建设（0.0417）	正
			数字农业示范园建设（0.0416）	正
		数字化生产影响 （0.125）	数字化生产的产量增长情况（0.03125）	正
			数字化水利设施覆盖率（0.03125）	正
			数字化农业机械动力（0.03125）	正
			数字化农业从业占第一产业增加值比重 （0.03125）	正
	数字化流通指标 （0.25）	数字经营基础 （0.125）	行政村中快递到村占比（0.0416）	正
			直播带货销售量（0.0417）	正
			是否为电子商务进农村综合示范县 （0.0417）	正

一级指标及权重	二级指标及权重	三级指标及权重	指标属性
数据要素应用水平指数	数字化流通指标（0.25）	数字流通影响（0.125）	农村电子商务网店占比（0.03125）	正
		农产品电商高级别卖家数占比（0.03125）	正
		批发平台的商家数占比（0.03125）	正
		农村电子商务销售量占农业生产总值比重（0.03125）	正

为了将指标进行标准化比较，本章采用阈值法（线性无量纲法）进行指标数据的标准化处理，即：

$$y_i = \frac{x_i - \max_{1 \leqslant i \leqslant n} x_i}{\max_{1 \leqslant i \leqslant n} x_i - \min_{1 \leqslant i \leqslant n} x_i} \times k + q \tag{5-1}$$

$$y_i = \frac{x_i - \min_{1 \leqslant i \leqslant n} x_i}{\max_{1 \leqslant i \leqslant n} x_i - \min_{1 \leqslant i \leqslant n} x_i} \times k + q \tag{5-2}$$

其中，$\max_{1 \leqslant i \leqslant n} x_i$ 和 $\min_{1 \leqslant i \leqslant n} x_i$ 分别表示指标中的最大值和最小值。式（5-1）用于成本型指标的标准化，式（5-2）用于效益型指标的标准化。k、q 需要根据处理后的数据分布情况进行设定。

$$X_i = \frac{V_i - V_{min}}{V_{max} - V_{min}} \times 4 + 1 \tag{5-3}$$

V_{max}、V_{min} 分别是 42 个县市的最大值、最小值。基于各个年份之间县市数据缺乏一定的可比性，本章选择设定基期的年份，然后根据基期的年份进行指数的标准化处理，使数据可以直观地显示数据要素应用的指数变动情况。

在权重处理上，现有研究倾向选择主成分分析法，但数据存在一定的递进变动性，故参考 NBI 指数权重的方法进行赋权。换句话说就是根据每级指标均为这一级权重的平均数，例如：一级指标设定为 1，二级指标有 5 个指标，则二级指标的权重均为 0.2，此外，三级指标要在二级指标的赋权下确定权重，即假设三级指标中有 4 个指标，则三级指标的权重为 0.05。确定各级指标的权重后，采用线性加权的方法计算数据要素应用指数：

$$DEI_{it} = \sum_{j=1}^{22} X_{it} \times W_j (j = 1, 2, \cdots, 22) \tag{5-4}$$

其中，j 表示标准化处理的三级指标，W_j 表示该三级指标的数据要素应用指数的权重。

5.1.2　数据要素应用水平的数据说明

本书将数据要素应用分解为数字基础设施、数字金融、数字生产和数字流通四个维度，选用了 21 个测度指标，测度指标的数据一部分来自 2018~2020 年北京大学新农村发展研究院《县域数字乡村指数》报告，是根据《县域数字乡村指数》报告中指标体系进行倒推到三级指标后进行标准化处理得到的，主要原因是县市数据难以获得，故采用三级指标处理后使用，包括直播带货销售量、农产品电子商务高级别卖家、农产品批发平台的商家占比 3 个指标，其他 18 个指标由统计年鉴数据、各地州市农业信息中心或者大数据中心获得。

数字基础设施的应用保障是 5G 网络的覆盖率提升，数字基础设施的完善是推进数据要素应用的根本保障，本书选择的是 5G 基站的数量和互联网端接入的人口数，从而更加符合数据要素内涵中载体发挥的作用，同时根据谢康等（2020）的研究，选择互联网接入的人口是反映信息化水平的重要指标。据中国电信喀什分公司的相关负责人解释，5G 技术是数字技术应用的技术保障，特别是在数据要素应用的快速发展的背景下。换句话说，数字基础设施的完善更有利于促进数据要素应用水平的提升。

数字金融作为金融创新与科技创新叠加融合形成的一种高级金融形态，具有数字与金融的双重属性，能够加速资金、信息、数字等要素的自由流通与有效配置，矫正传统金融因信息不对称引发的市场失灵和金融割裂问题。数字金融是数据要素应用的形式保障，农村经济发展过程中对数字金融的要求也是呈现较高的要求，故本书选择数字普惠金融网点的建立和制度的保障进行测度。

此外，对数字生产和数字流通水平的测度，本书采用的基础保证和效益影响两个部分。主要是从生产、流通的基础条件完善以及取得的收益考虑。一方面，数字生产离不开数字农业水利和农业机械，这些都是提升生产领域的基础保证，通过分析数据要素应用在生产领域的产值占第一产业增加值的情况，可以直观地反映数据要素应用带来的生产效益的提升。另一方面，数据要素应用与流通领域主要考虑电子商务发展的基础与成效，故选择了快递到村的覆盖率及农产品电商销售占第一产业增加值比重，其所占比重越大说明当地的数据要素应用水平越高。

5.2 测度结果分析

5.2.1 新疆各地区数据要素应用水平分析

为了全面揭示 2018~2020 年新疆 42 个县市的数据要素应用水平，本书将数据要素应用指数分为 2018~2020 年新疆各地州市数据要素应用水平和 2018~2020 年新疆 42 个县市数据要素应用水平两个层面进行分析。

通过对数据处理得到图 5-1，可以发现新疆数据要素应用水平根据地域特征呈现北部地区普遍高于南部地区的情况，最高的地区为首府乌鲁木齐市

(4.400)，远远高于克州（0.399），其他地区呈现中间分布状态，符合两端少、中间多的发展趋势。与此同时，与前文中新疆各地州市数字经济、数字产业化、产业数字化指数结果一些地区存在一定的差异性，例如：巴州的数字经济等整体发展水平较低，但是在农村数据要素应用方面却相对较高，阿克苏地区、喀什地区、和田地区和克州相差无几。主要原因是：一方面，构建的评价指标体系不同。数字经济指标考量的是一二三产业发展应用数据要素的全量指标，本章基于农村经济发展需要构建的数据要素指数评价数据要素应用水平。另一方面，时间节点选择的不同，两套指标系统的时间截点分别是2018~2020年和2022年的，数字经济等指标比较符合当前各地区的数据要素应用于各个产业的总体情况，而数据要素指数是反映过去一个阶段不同地区的数据要素应用于农村经济发展的情况。

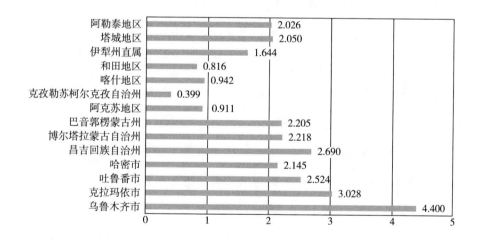

图5-1 2018~2020年新疆各地区整体的数据要素应用平均指数

除此之外，由图5-1可知，新疆各地区数据要素应用平均指数存在不同的发展水平，故本书将14个地州市的数据要素应用水平划分为发达地区、中

等发达地区、低发达地区和欠发达地区，其中，发达地区为平均指数的 1.5
倍以上，中等发达地区为平均指数以上，低发达地区为平均指数的 0.75 倍，
欠发达地区为低于平均指数 0.75 倍的其他地区，形成结果如表 5-2 所示。

表 5-2　2018～2020 年新疆各地区数据要素应用水平情况

水平分类	地区及指数情况
数据要素应用发达地区	乌鲁木齐市（4.400）、克拉玛依市（3.028）
数据要素应用 中等发达地区	阿勒泰地区（2.026）、塔城地区（2.05）、巴音郭楞蒙古州（2.205）、博尔塔拉蒙古自治州（2.218）、昌吉回族自治州（2.690）、哈密市（2.145）、吐鲁番市（2.524）
数据要素应用低发达地区	伊犁州直属（1.644）
数据要素应用欠发达地区	和田地区（0.816）、喀什地区（0.942）、克州（0.399）、阿克苏地区（0.911）

　　整体而言，新疆数据要素应用的区域差异性较低，即北疆地区的数据要
素应用水平整体处于中高水平，而新疆则处于欠发达水平地带。这可能是新
疆在数据要素应用方面面临许多现实的困境：一是可能存在规模困境，新疆
在网民数量、互联普及率等方面远远落后于内地，同时新疆由于机械化水平
低，难以像内地那样实行规模化的数字农业；二是可能存在信息困境，新疆
由于数字基础设施建设不到位，在数据信息收集、分析、利用等环节存在诸
多不足，同时在数字技术匹配方面与其他各地也存在较大的差距；三是可能
存在人才困境，新疆主要的大学均分布在乌鲁木齐，其他的大学均零星分布
在不同的地州市，再加上地理位置的劣势，人才愿意留在本地发展的数量较
少，特别是掌握数字技术、电子商务发展又愿意在农村工作的人才更是少之
又少，长此以往形成巨大的人才缺口；四是存在发展困境，新疆处于自然经
济相对落后的阶段，在 2020 年之前，天山以南的区域中除巴州以外的四个地
州市脱贫攻坚虽取得决定性成就，但是农村经济发展的基础仍然相对薄弱，

区域间的协调发展动力不足，自然条件制约农业发展等障碍，制约着新疆数据要素对农村经济的发展。由图 5-2 可知，能直观感受到新疆数据要素应用

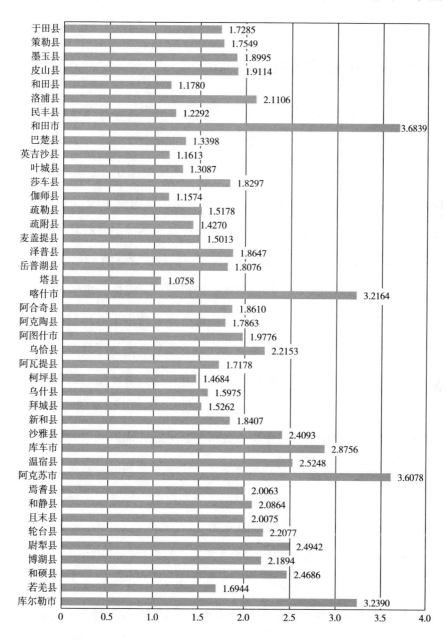

图 5-2　2018~2020 年新疆 42 个县市数据要素应用平均指数

的整体水平还比较低且存在分布不平衡的情况，新疆数据要素应用处于一个需要再度深入挖掘的阶段，故研究新疆的数据要素驱动农村经济发展的必然性也是不言而喻的。

5.2.2 县市数据要素应用水平分析情况

图 5-2 的结果证明新疆 42 个县域数据要素应用方面存在明显的"马太效应"，形成了较为严重的"数字鸿沟"现象，荆文君和孙宝文（2019）研究发现，一些经济不发达地区由于在基础设施更新换代方面还相对较为落后，特别是在互联网、电网等方面，故而难以享受互联网带来的"知识红利"。无独有偶，易宪容等（2019）研究发现经济不发达地区的营商环境的政策制约着资本的进入，进而会抑制数据要素应用。研究发现新疆 42 个县市的数据要素应用指数呈现地州市高、其他地区低的情况，一方面是由于地州市和县市之间存在数据资源分布不均衡的情况；另一方面是由于地州市更容易集聚技术、人才、资金等要素，而其他县市的各种要素资源呈现分布不均衡的情况，同时地州市集聚各类要素资源有利于提升数据资源转化为数据要素应用于生产的能力，而县市可能不具备这种能力或者这种转化能力相对较弱。

新疆各县市数据要素应用平均指数存在不同的发展水平，故本书将 42 个县市的数据要素应用水平划分为发达地区、中等发达地区、低发达地区和欠发达地区，其中发达地区为平均指数的 1.5 倍以上，中等发达地区为平均指数以上，低发达地区为平均指数的 0.75 倍，欠发达地区为低于平均指数 0.75 倍的其他地区，形成结果如表 5-3 所示，结果与分析基本一致。

基于以上分析，为了更加生动地反映新疆 42 个县市数据要素的应用水平，本书根据 2018~2020 年的数据要素应用指数绘制折线图，由图 5-3 可知，新疆 42 个县市的数据要素应用水平起伏较大，说明现阶段新疆 42 个县

表 5-3 2018~2020 年新疆 42 个县市数据要素应用水平情况

水平分类	地区及指数情况
数据要素应用发达县市	库尔勒市（3.2390）、阿克苏市（3.6078）、喀什市（3.2164）、和田市（3.6839）
数据要素应用 中等发达县市	和硕县（2.4686）、博湖县（2.1894）、尉犁县（2.4942）、轮台县（2.2077）、且末县（2.0075）、和静县（2.0864）、焉耆县（2.0063）、温宿县（2.5248）、库车市（2.8756）、沙雅县（2.4093）、乌恰县（2.5153）、阿图什市（1.9776）、洛浦县（2.1106）
数据要素应用低发达县市	若羌县（1.6944）、新和县（1.8407）、拜城县（1.5262）、乌什县（1.5975）、阿瓦提县（1.7178）、阿克陶县（1.7863）、阿合奇县（1.8610）、岳普湖县（1.8076）、泽普县（1.8647）、麦盖提县（1.5013）、莎车县（1.8297）、皮山县（1.9114）、墨玉县（1.8995）、策勒县（1.7549）、于田县（1.7285）
数据要素应用欠发达县市	柯坪县（1.4684）、塔县（1.0758）、疏附县（1.4270）、叶城县（1.3087）、英吉沙县（1.1613）、巴楚县（1.3398）、民丰县（1.2292）、和田县（1.1780）

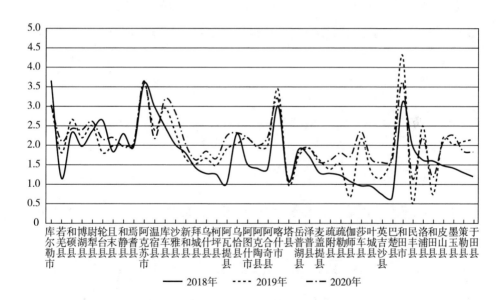

图 5-3 2018~2020 年新疆 42 个县市数据要素应用指数

市存在"摸着石头过河"的情况，用于数据要素应用的相关政策扶持、资金投入连续性不强。其中巴州的 9 个县市的数据要素应用水平逐年递减，阿克苏地区和喀什地区的数据要素应用水平逐年递增，喀什地区和和田地区的数据要素应用指数极端差异较为明显，例如：2019 年喀什地区喀什市和塔县之间的差异较为明显，2019 年和田地区民丰县和和田市的差异较大。一方面由于前文中分析到存在"数字鸿沟"；另一方面是因为地理距离较远，受发展较好的县市影响较小，这两个县市距离地州市均距离较远，喀什地区塔县处于帕米尔高原东南部，距离喀什市 290 公里；和田地区民丰县位于塔克拉玛干沙漠南缘，距离和田市 272 公里。另外，这两个县市由于特殊的地理位置，农村经济发展的受限因素较多，而数据要素应用于农村经济发展的水平也相对较低，此外，传统的基础设施落后的情况，也使得这些地区难以享受数据要素应用带来的"红利"。通过结果验证了不同区域间数据要素应用存在较为明显的"马太效应"，同时地州市存在一定的虹吸效应。

5.3　本章小结

本章在相关学者对数字经济水平的计量方法的测度基础上，结合数据要素应用的特征，参考《县域数字乡村指数》并结合本地实际情况，将 21 个测度指标划分数字基础设施、数字金融、数字生产和数字流通四个维度，采用线性加权法确定数据要素应用指数对 2018~2020 年新疆、42 个县市数据要素应用水平进行测度。

从三年的综合分值进行分类，新疆 14 个地州市的数据要素应用水平可以分为四个梯度，即数据要素应用发达地区、中等发达地区、低发达地区和欠发达地区，研究发现新疆 14 个地州市的呈现中等发达地区有 7 个、发达地区有 2 个、低发达地区有 1 个、欠发达地区有 4 个（除巴州外其他均属于欠发达地区），根据数据要素应用水平推测新疆在数据要素应用方面可能存在的三种困境：规模困境、信息困境和人才困境。此外，通过对新疆 42 个县市 2018~2020 年数据要素应用平均指数进行分析，可以发现新疆的数据要素应用呈现以地州市为高速增长、其他县增速较为缓慢的两极分化增长趋势。

第6章 数据要素对传统要素配置溢出效应的实证分析

本章选取 OLS、SAR、SEM 和 SDM 模型分析数据要素对传统要素配置溢出效应的实证分析,选取数据要素应用指数作为解释变量,农村劳动力、农业机械动力和农业基础设施投入作为反映劳动力、技术和资金要素的指标,选择农业发展水平作为控制变量,运用 Moran's I 对指标的空间进行自相关分析,然后运用 SDM 模型进行溢出效应分解,然后进行异质性建议和稳健性检验,最后根据结果进行总结。

6.1 模型设定及变量选取

6.1.1 模型设定

6.1.1.1 OLS 模型设定

借鉴姜磊(2020)在不考虑溢出效应情况下运用 OLS 模型进行回归估

计，基于 OLS 模型（6-1）实证分析 42 个县市数据要素对传统要素配置的影响。

$$\ln el_{it} = \alpha_0 + \alpha \ln da_{it} + \alpha \ln z_{it} + \varepsilon_{it} \tag{6-1}$$

6.1.1.2 空间计量模型设定

选择常用 SAR、SEM 和 SDM 模型。SAR 模型（6-2）、SEM 模型（6-3）均可以反映本县市数据要素对传统要素配置的直接影响，SAR 模型反映其他县市农村经济发展对本县市的传统要素配置的间接影响，SEM 模型反映其他县市空间误差项对本县市传统要素配置的影响，SDM 模型（6-4）以上均可反映，具体公式如下所示：

$$\ln el_{it} = \alpha_0 + \alpha \ln da_{it} + \alpha \ln z_{it} + \beta \sum_{j=1}^{n} w_{ij} \ln el_{jt} + \varepsilon_{it} \tag{6-2}$$

$$\ln el_{it} = \alpha_0 + \alpha \ln da_{it} + \alpha \ln z_{it} + \lambda \sum_{j=1}^{n} w_{ij} \mu_{jt} + \varepsilon_{it} \tag{6-3}$$

$$\ln el_{it} = \alpha_0 + \alpha \ln da_{it} + \alpha \ln z_{it} + \beta \sum_{j=1}^{n} w_{ij} \ln da_{jt} + \beta \sum_{j=1}^{n} \ln z_{jt} + \beta \sum_{j=1}^{n} \ln el_{jt} + \varepsilon_{it} \tag{6-4}$$

其中，$\ln el_{it}$ 和 $\ln el_{jt}$ 分别表示 t 年区域 i 和区域 j 农村传统要素配置的自然对数，$\ln da_{it}$ 和 $\ln da_{jt}$ 分别表示 t 年区域 i 和区域 j 数据要素利用指数的自然对数，$\ln z_{it}$ 和 $\ln z_{jt}$ 分别表示 t 年区域 i 和区域 j 控制变量的自然对数。

6.1.2 变量选取

数据要素利用对农业生产、农村金融、农产品营销等方面的作用不言而喻，而数据要素对农村经济发展中需要的技术、人才的促进作用更是无法替代，何宗樾和宋旭光（2020）研究分析了在数字经济时代数据要素能帮助实现劳动力就业的原理。根据前文的论述，说明数据要素通过技术对农村经济发展起到带动作用，同时数据要素利用可以丰富现有的人才库，促进农村形成多层次的人才需求体系，根据数据获取的整体全面的要求，从农村劳动力、农业机械、农业基础设施资金投入情况三个方面阐述数据要素对劳动力、技术、资金要素的影响。农业技术水平采用农业机械化水平来衡量；劳动力资源采用农村劳动力从业人数占农村总劳动力比重来衡量；农业基础设施资金投入选取农田水利设施的资金投入来衡量。控制变量要考虑数据要素应用对传统农村经济发展情况的影响，故选择农业产业发展水平作为控制变量，选取的考量数据是农林牧渔业总产值占地区生产总值的比重的对数。

6.2　实证分析

在实证分析方面首先选择的是运用 Moran's I 方法进行自相关分析，本书选择的是基于邻接、地理距离和经济距离三种权重方式，使用 Geoda 软件测算和绘制 2018~2020 年 42 个县市数据要素利用、农村劳动力水平、农业机械、农业资金投入的 Moran's I 进行空间相关性分析。

6.2.1　数据要素对传统要素配置相关性分析

如表 6-1 所示，基于邻接权重、地理距离权重和经济距离权重下 2018~2020 年 42 个县市数据要素情况的 Moran's I 均显著为正，表明数据要素应用水平存在明显的空间正相关性。其中，基于地理距离权重下 42 个县市数据要素利用的 Moran's I 总体上大于邻接权重下的 Moran's I，表明在数据要素利用空间正相关性上地理距离权重因素优于邻接权重因素。基于邻接权重下新疆数据要素利用的 Moran's I 总体上大于经济距离权重下的 Moran's I，表明在数据要素的空间正相关性上经济距离权重因素优于经济距离权重因素。因此，在数据要素的空间正相关性上地理距离权重因素优于邻接权重因素和经济距离因素，基于地理距离权重下数据要素应用水平的空间正相关性较强。

表 6-1　2018~2020 年各县市数据要素利用的 Moran's I

年份	邻接权重（基于 Queen）			地理距离权重			经济距离权重		
	Moran's I	Z 值	P 值	Moran's I	Z 值	P 值	Moran's I	Z 值	P 值
2018	0.172	2.018	0.033	0.043	0.557	0.267	0.137	1.003	0.011
2019	0.151	1.806	0.009	0.187	1.232	0.009	0.116	1.019	0.022
2020	0.142	2.2176	0.022	0.253	2.327	0.016	0.138	1.844	0.051

资料来源：《新疆统计年鉴》（2019~2021 年）数据处理后整理所得。

由散点图分布变化情况可知，2018 年新疆 42 个县市的散点平均分布在四个象限，2020 年主要分布在第一象限和第三象限，其中，2018 年数据要素应用空间集聚特征表现为显著的"高-高"集聚的有 1 个县市、"低-高"集聚的有 2 个县市、"低-低"集聚的有 2 个县市；2020 年数据要素应用空间集聚表现为显著的"高-高"集聚的有 5 个县市、"低-高"集聚的有 1 个县市、"低-低"集聚的有 5 个县市，"高-低"集聚的有 1 个县市。2018 年和 2020 年巴州尉犁县均表现为显著的"高-高"集聚特征，2020 年巴州库尔勒市、轮台县、博湖县和且末县表现为"高-高"集聚特征；2018 年和 2020 年喀什地区莎车县均表现为显著的"低-低"集聚特征，2018 年阿克苏地区拜城县表现为显著的"低-低"集聚特征，2020 年喀什地区莎车县、英吉沙县、麦盖提县、岳普湖县、巴楚县表现为"低-低"集聚特征；2018 年阿克苏地区柯坪县表现为显著的"低-高"集聚特征；2020 年喀什地区喀什市表现为显著的"高-低"集聚。新疆地区数据要素利用的空间集聚特征存在异质性。

如表 6-2 所示，基于邻接权重下 2018~2020 年 42 个县市的农村劳动力的 Moran's I 虽然均为正值且总体增长，且在 2019 年和 2020 年 Moran's I 具有显著性。基于地理距离权重下 2018~2020 年农村劳动力的 Moran's I 均为负值且不显著，自 2020 年开始，由负转正相关性呈现逐年递减趋势。基于经济距离权 2018~2020 年新疆农村劳动力的 Moran's I 均为正值且总体上空间正相关性逐年增强趋势。表明在新疆农村劳动力的空间正相关性上邻接权重因素优于地理距离权重因素和经济距离权重因素，而在新疆农村劳动力的空间负相关性上地理距离权重因素优于邻接权重因素和经济距离权重因素。但是通过对比三种权重矩阵的 Moran's I 绝对值可知，在新疆农村劳动力的空间正相关性大于空间负相关性。显然，基于邻接权重下新疆农村劳动力的空间正相关性较强。

表 6-2   2018~2020 年各县市农村劳动力情况的 Moran's I

年份	邻接权重（基于 Queen）			地理距离权重			经济距离权重		
	Moran's I	Z 值	P 值	Moran's I	Z 值	P 值	Moran's I	Z 值	P 值
2018	0.119	1.157	0.128	−0.042	0.112	0.657	0.168	1.118	0.231
2019	0.198	1.672	0.093	−0.039	0.113	0.342	0.123	0.982	0.234
2020	0.231	2.074	0.026	0.053	0.089	0.623	0.231	0.992	0.198

资料来源：《新疆统计年鉴》（2019~2021 年）数据处理后整理所得。

通过计算可得 2018 年和 2020 年新疆 42 个县市农村劳动力空间集聚特征表现为显著的"高-高"集聚、"低-高"集聚、"高-低"集聚和"低-低"集聚。巴州所有县市在 2018 年和 2020 年均表现为显著的"低-低"集聚特征；2018 年喀什地区疏附县、喀什市、英吉沙县、岳普湖县表现为显著的"高-高"集聚特征，2020 年喀什地区伽师县、疏附县、喀什市和英吉沙县表现为显著的"高-高"集聚特征；2018 年和 2020 年克州阿图什均表现为显著的"高-低"集聚特征；2018 年喀什地区泽普县、塔县、麦盖提县表现为显著的"低-高"集聚特征，2020 年喀什地区岳普湖县、麦盖提县和泽普县表现为显著的"低-高"集聚特征，虽然均为喀什地区，但是依然存在异质性。

如表 6-3 所示，基于三种权重下 2018~2020 年农村机械的 Moran's I 邻接权重为负数，且空间负相关性逐年减弱趋势且不显著；地理距离权重均为正且逐年递增但不显著；基于经济距离 Moran's I 虽然低于基于地理距离权重，但均表现为显著性特征。因此，在新疆农村机械的空间正相关经济距离权重因素优于地理距离权重因素和邻接权重因素。显然，基于经济距离权重下新疆农村机械的空间正相关性较强。

表 6-3　2018~2020 年各县市农村机械情况的 Moran's I

年份	邻接权重（基于 Queen）			地理距离权重			经济距离权重		
	Moran's I	Z 值	P 值	Moran's I	Z 值	P 值	Moran's I	Z 值	P 值
2018	-0.063	-1.326	0.113	0.282	1.112	0.234	0.188	1.811	0.041
2019	-0.026	-0.992	0.318	0.362	0.891	0.102	0.232	2.154	0.028
2020	0.021	0.866	0.332	0.351	1.521	0.116	0.276	2.432	0.009

资料来源：《新疆统计年鉴》（2019~2021 年）数据处理后整理所得。

2018 年和 2020 年 42 个县市农业机械空间集聚特征表现为显著的"高-高"集聚、"低-高"集聚、"高-低"集聚和"低-低"集聚。2020 年与 2018 年相比，具有显著特征的县市增加了 3 个，2018 年喀什地区泽普县、麦盖提县、巴楚县、岳普湖县为显著的"高-高"集聚特征，2020 年在 2018 年的 3 个县外增加了阿克苏地区拜城县；2018 年和 2020 年"低-低"集聚特征主要集中在克州和和田地区，2018 年为洛浦县、和田县和阿图什市，2020 年为洛浦县、策勒县、和田县和阿图什市；2018 年和 2020 年克州阿克陶县均为显著的"高-低"集聚特征；2018 年喀什地区喀什市、岳普湖县、英吉沙县和塔县为显著的"低-高"集聚特征，2020 年为喀什地区喀什市、塔县、英吉沙县和阿克苏地区新和县呈现显著的"低-高"集聚特征。因此，新疆42个县市农业机械的空间集聚特征存在异质性。

如表6-4所示，基于邻接权重下2018~2020年新疆农业基础设施资金投入的Moran's I为负，基于地理距离权重下农业基础设施资金投入在2020年由正转负，只有2019年显著，通过对三种权重进行绝对值处理后发现基于地理距离权重的数值最大，且2020年最大。因此，在新疆农业基础设施资金投入的空间正相关性上地理距离权重因素优于经济距离权重因素和邻接权重因素，基于经济距离权重下新疆农业基础设施资金投入的空间正相关性较强，但是根据Moran's I发现，基于三种权重下的新疆农业基础设施资金投入的空间差异较大。

表6-4 2018~2020年各县市农业基础设施资金投入的Moran's I

年份	邻接权重（基于Queen）			地理距离权重			经济距离权重		
	Moran's I	Z值	P值	Moran's I	Z值	P值	Moran's I	Z值	P值
2018	0.043	1.203	0.122	0.079	0.828	0.202	0.231	2.079	0.031
2019	0.064	1.542	0.123	0.067	0.865	0.047	0.251	0.752	0.057
2020	0.084	1.511	0.139	-0.096	-0.640	0.289	0.171	1.596	0.029

资料来源：《新疆统计年鉴》（2019~2021年）数据处理后整理所得。

2018年42个县市农业基础设施资金投入表现为显著的"高-高"集聚、"高-低"集聚、"低-高"集聚和"低-低"集聚，2020年42个县市农村网络覆盖变现为显著的"低-高"集聚、"高-低"集聚。2018年阿克苏地区阿克苏市、温宿县和新和县为显著的"高-高"集聚特征，巴州焉耆县、和硕县和尉犁县为显著的"低-低"集聚特征，巴州若羌县和库尔勒为显著的"高-低"集聚特征，民丰县为显著的"低-高"集聚特征；2020年和田地区于田县，巴州且末县、若羌县、和硕县、博湖县、库尔勒市和轮台县为显著的"高-低"集聚特征，和田地区民丰县、克州阿图什市、喀什地区的塔县和英吉沙县为显著的"低-高"集聚特征。因此，新疆42个县市农业基础设施资金投入的空间集聚特征存在异质性。

6.2.2　模型选择与检验

在不考虑溢出效应的前提下，运用 OLS 模型实证分析数据要素利用对农村劳动力、农业机械、农业基础设施资金投入的影响，由表6-5可知，数据要素对农业机械具有显著的抑制作用，而对农村劳动力、农业基础设施资金投入具有显著的促进作用。

表6-5　数据要素驱动新疆农村传统要素配置的 OLS 模型回归结果

Var	农村劳动力	农业机械	农业基础设施资金投入
lnda	0.221** (0.101)	−0.186* (0.173)	0.243* (0.194)
lnla	—	0.371 (2.841)	0.299 (1.153)
lnme	1.176*** (0.321)	—	0.315 (3.322)
lnin	1.844** (0.934)	1.874** (0.961)	—
lnag	1.211** (0.023)	−2.167** (1.156)	0.299*** (0.099)
_cons	3.211** (1.573)	−3.167** (1.143)	1.299*** (0.045)
R^2	0.624	0.431	0.521

注：*、**和***分别表示在10%、5%和1%水平上显著。

在得到 OLS 模型回归的结果后，进行 LM 检验，结果显示 LM-error 和 LM-lag 均显著，同时进行稳健性检验发现，稳健性假设结果发现均可拒绝原假设，其中，SAR 进行结果显示均未拒绝"无空间自相关"的原假设，而 SEM 拒绝了"无空间自相关"的原假设。然后进行 LR 检验，发现选择 SDM 更合适，最后根据 Hausman 结果选择可得可以接收原假设的随机效应，因此选择随机效应。

由表 6-6 可知，使用 SDM 随机效应模型实证分析数据要素对农村劳动力、农业机械、农业基础设施资金投入进行估计，根据表 6-7 的估计结果，由 R^2、LogL 和变量的估计系数对 SDM 随机效应模型拟合效果进行分析，运用 SDM 随机效应模型数据要素利用对农业劳动力、农业机械和农业基础设施资金投入的溢出效应估计结果均较好，故选择 SDM 随机效应模型是研究的最佳模型。

表 6-6　数据要素对传统要素配置的空间计量模型 LM、LR 和 Hausman 的检验结果

Met	农村劳动力	农业机械	农业基础设施资金投入
LM-error	0.000 (5.567)	0.000 (6.234)	0.000 (5.578)
LM-lag	0.156 (1.235)	0.233 (0.699)	0.253 (0.589)
RLM-error	0.000 (5.324)	0.000 (6.042)	0.000 (5.223)
RLM-lag	0.234 (0.895)	0.433 (0.548)	0.332 (0.342)
LR（SDM 与 SAR）	0.023 (6.752)	0.000 (4.531)	0.000 (3.236)
LR（SDM 与 SEM）	0.034 (5.433)	0.000 (3.218)	0.000 (3.235)
Hausman	0.000 (-1.234)	0.000 (-0.987)	0.000 (-1.345)

注：括号内为统计量。

表6-7 数据要素驱动新疆农村传统要素配置的溢出效应分解估计结果

Var	农村劳动力	农业机械	农业基础设施资金投入
lnda	0.121**	−0.026	0.013***
	(0.054)	(0.884)	(0.002)
lnla	—	−0.081	0.089
		(0.981)	(0.999)
lnme	0.021	—	0.009
	(0.891)		1.229
lnin	0.113	0.035	—
	(1.112)	(1.112)	
lnag	0.067	0.094*	0.009***
	(1.234)	(0.087)	(0.002)
W×lnda	0.98**	−0.165	0.001
	(0.32)	(1.17)	(0.87)
W×lnla	—	−0.128	0.019
		(1.24)	(1.65)
W×lnme	0.112	—	0.008
	(1.432)		(0.117)
W×lnin	0.089	0.024	—
	(0.789)	(1.112)	
W×lnag	0.099	0.098*	0.011
	(1.622)	(0.091)	(1.282)
_cons	4.830***	−4.088***	3.213***
	(1.442)	(1.251)	(1.234)
ρ	0.055	0.235	0.211
	(0.899)	(1.453)	(1.231)
θ	−2.132	−3.123	−2.765
	(8.232)	(9.23)	(8.891)
λ	0.167	1.241	0.098
	(1.23)	(5.67)	(0.889)
R^2	0.234	0.152	0.123
LogL	108.23	−138.65	100.1

注：*、**和***分别表示在10%、5%和1%水平上显著。

6.2.3 数据要素对传统要素配置空间效应分解

由表 6-8 可知，从直接效应、溢出效应和总效应方面分析可得：①数据要素利用对农村劳动力的直接效应、溢出效应和总效应的系数分别为 0.118、0.223 和 0.341，其中数据要素利用对农村劳动力的溢出效应呈现出在 10%显著性检验，总效应通过了 10%的显著性检验，说明本县市数据要素利用每增长 1%，本县市农村劳动力增长 0.118%；反之本县市数据要素利用每下降1%，本县市农村劳动力就下降 0.223%。②数据要素利用对农业机械的直接效应、溢出效应和总效应分别为 -0.116、-0.186 和 -0.302，其中数据要素利用对农业机械溢出效应呈现出在 5%的显著性检验，总效应通过了 5%的显著性检验，说明本县市数据要素利用每增长 1%，本县市农业机械就减少0.116%；反之本县市数据要素利用降低 1%，本县市农业机械增长 0.186%。各县市数据要素利用对农业机械具有显著的负向溢出效应和总效应，一方面，数据要素利用的增长，说明本县市的数字技术水平稳步提升，需要具备数字技术农业机械，对传统的农业机械需求较少；另一方面，由于数据要素水平较低的县市会产生一定的示范效应，促进本县市数据要素利用水平的提高，进而减少对传统农业机械的需求。③数据要素对农业基础设施资金投入的直接效应、溢出效应和总效应的系数分别为 0.043、0.003 和 0.046。其中直接效应和总效应通过了 1%的显著性检验。这表明数据要素对农业基础设施资金投入的影响是显著的，同时溢出效应也可以被证明存在，溢出效应通过了5%的显著性检验，说明本县市数据要素利用每增长 1%，本县市农业基础设施资金投入就增加 0.043%；反之本县市数据要素利用降低 1%，本县市农村网络降低 0.003%。数据要素利用对农业基础设施资金投入具有显著的正向直接效应、溢出效应和总效应，但是数据要素利用对农业基础设施资金投入的溢出效应相对较小，因为本县市数据要素利用能显著提升农业基础设施资金投入，同时促使其他县市产生从众心理。基于以上分析，可以验证研究假设2，说明数据要素对劳动力、技术和资金要素具有协同作用，可以实现对传统要素配置进行优化。

表 6-8　数据要素驱动新疆农村经济发展溢出效应分解结果

	Var	农村劳动力	农业机械	农业基础设施资金投入
直接效应	lnda	0.118 (1.982)	−0.116 (0.982)	0.043*** (0.012)
	lnla	—	−0.241 (1.231)	0.099 (0.998)
	lnme	0.056 (0.531)	—	0.015 (1.372)
	lnin	0.184 (0.238)	0.074 (0.967)	—
	lnag	0.201* (0.183)	0.197 (0.675)	0.019* (0.017)
溢出效应	lnda	−0.223* (0.213)	−0.186** (0.087)	0.003* (0.004)
	lnla	—	−0.361* (0.011)	0.099 (1.023)
	lnme	−0.175 (0.933)	—	0.015 (0.072)
	lnin	0.144 (0.978)	0.084 (1.212)	—
	lnag	0.211 (1.063)	0.194** (0.156)	0.029 (1.284)
总效应	lnda	0.341* (0.194)	−0.302** (0.023)	0.046*** (0.019)
	lnla	—	−0.602 (1.238)	0.198 (0.655)

	Var	农村劳动力	农业机械	农业基础设施资金投入
总效应	lnme	0.231 (0.143)	—	0.03 (0.289)
	lnin	0.328 (1.234)	0.158 (0.998)	—
	lnag	0.412* (0.386)	0.391* (0.289)	0.048** (0.017)

注：*、**和***分别表示在10%、5%和1%水平上显著。

从控制变量方面分析可得：农村劳动力对农业机械有显著的负向溢出效应，研究发现，农业产出对农村劳动力和农业基础设施资金投入具有显著的正向直接效应，这意味着农业产出的增加可以促进农村劳动力和农业基础设施资金投入的发展。但是对于农业机械，研究表明其具有显著的负向溢出效应。这可能是因为农业机械的使用需要投入大量的成本，而这种成本可能会抑制其他方面的投资。研究还发现，农业产出对农业机械、农村劳动和农业基础设施资金投入都具有显著的正向总效应。

与 OLS 结果相比，SDM 随机效应模型的结果系数明显低于 OLS 模型的结果系数，主要原因是忽略了数据要素利用对农村经济发展的溢出效应。在农村劳动力方面未综合考虑劳动力的主观能动性，作为"经济人"，转移就业的劳动力会考虑周围距离较近工作岗位且待遇更好的地方，数据要素利用于农村经济发展能为社会提供更多新的就业岗位，故而劳动力会进行转移。在农业机械方面，由于数据要素水平较高的城市一般经济条件较好，因而配备数字技术的农业机械的需求程度高、本县市的农业机械存在一定的负向溢出效应，随着后发优势的县市加大对具有数字技术功能农业机械的投入，进而会产生负向溢出效应。农业基础设施资金投入是由于数据要素利用会带动农村基础设施的完备，而农业基础设施资金投入一方面是农村经济发展的需求，另一方面也是实现数字乡村的基础条件构成，农业基础设施资金投入的溢出效应显著的原因是整体地区实现数字乡村的需要，经济发展水平较好的县市将带动其他县市实现高效、快速的农业基础设施资金投入，同时也是数字农业的推动需求，农业基础设施资金投入较多可以实现农村数字技术设施的更新换代。

6.2.4　数据要素对传统要素配置异质性分析

本书的地区异质性从地区间的政府政策支持力度来考量。根据 42 个县市的区域内公共预算支出的金额按照从大到小排序，然后选择前 21 个县市作为政策扶持多的县市，反之为政策扶持较少的县市。由表 6-9 可知，在政策扶持较多的县市，数据要素利用对农村经济发展的影响更强且更显著，主要是因为政策扶持多的县市投入的资金较多，更有利于各类资源形成资源集聚，形成良好的农村经济发展环境，更有利于优势要素的集中，形成新旧要素的集聚，从而保障数据要素利用的人力支撑、技术支持，进而更有利于数据要素转化为生产力，而政策支持少的地区结果刚好相反（见表 6-10）。其中数据要素集聚对政策扶持少的县市农业基础设施资金投入的直接效应、溢出效应和总效应高于政策扶持多的县市，说明政策扶持在资金投入较多的情况下有利于更新农村现代信息设施，形成利用数据要素发展的"后发优势"。

表 6-9　基于政策扶持多的县市数据要素对传统要素溢出效应分解结果

	Var	农村劳动力	农业机械	农业基础设施资金投入
直接效应	lnda	0.203 (1.029)	-0.221** (0.121)	0.023*** (0.004)
	lnla	—	-0.032 (1.231)	0.018 (1.132)

续表

	Var	农村劳动力	农业机械	农业基础设施资金投入
直接效应	lnme	0.243 (1.581)	—	0.012 (1.101)
	lnin	0.011 (1.091)	0.061 (1.051)	—
	lnag	0.412 (1.381)	0.211** (0.011)	0.078 (1.009)
溢出效应	lnda	−0.039* (0.022)	0.091** (0.037)	−0.089** (0.031)
	lnla	—	0.123** (2.213)	0.011 (1.211)
	lnme	0.189* (0.112)	—	0.009 (0.891)
	lnin	0.003 (0.679)	0.061 (0.911)	—
	lnag	0.315 (2.391)	0.233 (3.231)	0.004 (1.099)
总效应	lnda	0.372* (0.276)	0.112** (0.213)	0.322** (0.142)
	lnla	—	0.456** (2.116)	0.029 (0.981)
	lnme	0.432 (1.896)	—	0.021 (1.967)
	lnin	0.014 (0.656)	0.142 (1.456)	—
	lnag	0.727* (0.539)	0.444 (2.432)	0.009** (0.008)

注：*、**和***分别表示在10%、5%和1%水平上显著。

表 6-10　基于政策扶持少的县市数据要素对传统要素溢出效应分解结果

	Var	农村劳动力	农业机械	农业基础设施资金投入
直接效应	lnda	0.011 (0.231)	−0.016** (0.008)	0.016*** (0.002)
	lnla	—	−0.061 (1.681)	0.069 (0.981)
	lnme	0.011 (0.991)	—	0.009 (0.229)
	lnin	0.103 (0.999)	0.025 (0.681)	—
	lnag	0.067 (1.234)	0.084 (0.287)	0.002 (0.164)
溢出效应	lnda	0.018* (0.013)	−0.165** (0.089)	0.003** (0.001)
	lnla	—	−0.128** (0.078)	0.029 (0.069)
	lnme	0.112* (0.111)	—	0.003 (0.038)
	lnin	0.069 (1.489)	0.014 (0.665)	—
	lnag	0.069 (1.321)	0.068 (0.981)	0.009 (0.238)
总效应	lnda	0.029* (1.231)	−0.181** (0.082)	0.023* (0.022)
	lnla	—	−0.189* (0.157)	0.098 (1.187)
	lnme	0.123 (1.002)	—	0.012 (0.836)
	lnin	0.172 (1.322)	0.039 (0.652)	—
	lnag	0.136* (1.231)	0.152 (0.959)	0.011** (0.009)

注：*、**和***分别表示在 10%、5%和 1%水平上显著。

6.2.5 数据要素对传统要素配置稳健性检验

6.2.5.1 替换解释变量

重新选择数字产业发展指数并赋值作为数据要素利用指数，基于稳健性检验对数据要素利用水平进行替换，主要是由于数据要素作为生产要素应用于产业发展，以数字产业发展指数衡量数据要素利用水平相对合理。与表 6-7 模型估计结果相比，由表 6-11 模型估计结果可知，对于农业劳动力，W×lnda 系数显著性发生变化，出现明显的降低。对于农村网络覆盖，lnda 系数显著性发生变化。可见只有个别变量估计系数发生变化，其他大多数变量估计系数基本保持一致。

表 6-11　数据要素对传统要素溢出效应分解估计结果

Var	农村劳动力	农业机械	农业基础设施资金投入
lnda	0.019 (1.233)	-0.019 (1.111)	0.213 ** (0.105)
lnla	—	-0.112 (1.226)	0.067 (0.989)
lnme	0.034 (1.236)	—	0.011 (0.912)
lnin	0.109 (1.101)	0.042 (1.254)	—
lnag	0.143 * (0.131)	0.289 ** (0.101)	0.011 * (0.009)
W×lnda	0.231 (1.698)	-0.135 (2.125)	0.351 *** (0.112)
W×lnla	—	-0.136 (1.124)	0.012 (1.165)
W×lnme	0.012 (1.434)	—	0.008 (0.117)

续表

Var	农村劳动力	农业机械	农业基础设施资金投入
W×lnin	0.091 (0.781)	0.121 (1.321)	—
W×lnag	0.089 (1.322)	0.199 (1.211)	0.013*** (0.004)
_cons	3.820 (4.442)	−2.088 (4.154)	2.213*** (0.894)
ρ	0.025*** (0.005)	0.245 (1.345)	0.311 (1.421)
θ	−1.112*** (0.222)	−2.143*** (0.239)	−3.725*** (0.895)
λ	0.147 (1.293)	1.231*** (0.671)	0.088 (0.974)
R^2	0.224	0.143	0.119
LogL	107.23	−128.65	102.58

注：*、**和***分别表示在10%、5%和1%水平上显著。

6.2.5.2 替换被解释变量

对农村劳动力、农业机械、农村网络覆盖进行变量替换。一是将农村劳动力替换为农村第一产业就业人数占转移性劳动力比重。二是为了衡量农业机械的投入水平，研究采用了单位播种面积的农业机械总动力。这种方法可以更准确地反映农业机械的使用情况，因为它考虑了农作物的种植面积。三是将区域内金融机构年末贷款余额与县市 GDP 的比重替换农业基础设施资金投入情况。通过数据技术的应用可以实现解放一部分具有技能的年轻劳动力外出转移就业，将从事第一产业的劳动力释放出来，数据要素的利用能够提升农业机械的智能化水平，从而实现农业机械化、智能化。因此，选择第一产业从业人员比例、单位播种面积的农业机械总动力、交通物流产值占比作为被解释变量替换进行估计较为合理。与表6-7模型估计结果相比，由表6-12

模型估计结果可知，对于农村劳动力，lnag 和 W×lnag 系数正负性发生变化。对于农业机械，lnla 系数显著性发生变化。对于农村网络，lnda 和 W×lnda 系数正负性发生变化。可见，只有个别变量估计系数发生变化，其他大多数变量估计系数基本保持一致。

表 6-12　数据要素对传统要素溢出效应分解估计结果

Var	农村劳动力	农业机械	农业基础设施资金投入
lnda	0.011 * (0.009)	−0.036 ** (0.014)	−0.012 *** (0.011)
lnla	—	−0.081 (0.091)	0.069 (1.211)
lnme	0.021 (0.891)	—	0.006 1.035
lnin	0.103 (0.989)	0.025 (1.022)	—
lnag	−0.057 * (0.054)	0.064 ** (0.023)	−0.008 (1.101)
W×lnda	0.961 (1.123)	−0.165 (1.171)	−0.011 *** (0.008)
W×lnla	—	−0.128 (1.241)	0.014 (0.899)
W×lnme	0.112 (1.432)	—	0.008 (0.167)
W×lnin	0.089 (0.789)	0.024 (1.112)	—
W×lnag	−0.099 (1.622)	0.098 ** (0.035)	0.011 *** (0.003)
_cons	4.830 *** (1.442)	−4.088 *** (1.104)	3.213 *** (1.121)
ρ	0.045 (0.889)	0.235 (1.463)	0.211 (1.231)
θ	−2.236 (6.242)	−2.123 (9.23)	−1.785 (6.865)

续表

Var	农村劳动力	农业机械	农业基础设施资金投入
λ	0.147 (1.223)	1.241 (5.67)	0.098 (0.869)
R^2	0.204	0.142	0.123
LogL	106.29	-137.65	101.1

注：＊、＊＊和＊＊＊分别表示在10%、5%和1%水平上显著。

6.3 本章小结

本章运用实证方法验证了数据要素对农村经济发展的作用，依托选择农村劳动力情况、农业机械动力和农村网络覆盖三个指标分别验证数据要素对农村劳动力、农业机械化、农村网络覆盖的溢出效应。

第一，通过 Moran's I 指数的自相关验证，研究发现数据要素在42个县市中基于地理距离权重存在较强的空间正相关性，农村劳动力邻接距离权重下表现为空间正相关性，农业机械基于经济距离权重下表现为空间正相关性，农业基础设施资金投入基于地理距离权重呈现负相关。主要是由于新疆各县市之间相距较远，需要通过不断改善各县市之间的交通基础设施建设，缩短交通时间和降低成本，减少地理距离因素对数据要素、农村网络覆盖的负外部性。此外还需要持续做好新疆的经济发展，需要通过不断提高各县市的整体经济水平，切实增强经济距离因素对数据要素、农业劳动力、农业机械和农业基础设施资金投入的正向的外部性。

第二，新疆42个县市数据要素利用与农村劳动力、农业机械、农业基础设施资金投入的空间集聚特征均存在异质性。巴州的县市在数据要素表现为显著的"高-高"集聚，在农业基础设施资金投入方面表现为显著的"低-低"集聚，说明巴州需要做好农村网络覆盖的工作，提升整体的农村基础设施环境及农村发展潜力；喀什地区的县市在农业机械方面呈现"高-高"集聚、"低-高"集聚，而和田地区在农业机械方面呈现"低-低"集聚，和田地区应加快提高农业机械投入水平，而喀什地区应推动更高水平的农业机械（数字化农机）的发展。

第三，新疆42个县市数据要素对农村劳动力、农业机械和农村网络存在显著的溢出效应。数据要素对农村劳动力的直接效应促进不显著，而对农村劳动力的溢出效应和总效应均具有明显的促进作用，这就需要稳步提升各县市的数据要素利用水平，带动劳动力流转。数据要素对农业机械的直接效应抑制作用不明显，而对农业机械的溢出效应和总效应均具有明显的抑制作用，这就需要提高农业机械的更新换代，完备新型数字农机的推广使用。数据要素对农业基础设施资金投入的直接溢出效应和总效应均具有明显的促进作用，要发挥农村网络的正向带动作用。农业产出对农村机械和农业基础设施资金投入的溢出效应和总效应均有显著的促进作用，说明农村产出的增长有利于实现农业机械化和农村信息化。农村劳动力对农业机械的负向抑制作用，需要减少农村劳动力从事农业的人数。这是因为农村劳动力一直是农业机械化发展的瓶颈之一。由于农村人口普遍缺乏现代化的技能和知识，导致他们对农业机械的运用和维护都存在一定的难度，从而导致了农业机械化的发展受到了一定的限制。为了解决这个问题，需要挖掘农村劳动力转移就业的潜力，推动农业机械化发展，提高农业生产效率和品质。

第四，在异质性检验时选择的是基于公共投入情况进行检验，发现公共投入较多的县市溢出效应远高于公共投入较少的县市。数据要素对农村劳动力和农村网络覆盖存在正向溢出效应，对农业机械存在负向溢出效应。这是因为农村劳动力和农村网络覆盖的不足导致了农村地区信息的不对称和不完全对称，从而影响了农业机械化的发展。随着数字技术的发展，数据要素对农村劳动力和农业基础设施资金投入的正向溢出效应逐渐显现，同时农业机械的负向溢出效应也得到了一定的缓解。在政策扶持较多的县市，数字技术作用于农业生产的关系越来越紧密。政策扶持是数字技术在农业生产中起到重要作用的关键因素。政府在农业机械化发展中给予的政策扶持能够有效地推动数字技术的落地，促进数字技术在农业生产中的应用和推广，从而提高农业生产效率和品质，促进农村经济的发展和繁荣。数据要素对农业基础设施资金投入存在显著的负向溢出效应，说明当政策扶持较多时会出现"撒胡椒面"的现象，不利于数据要素产生正向效应。

第7章　数据要素驱动农村经济发展协同作用的实证分析

本章选取 OLS、SAR、SEM 和 SDM 模型分析数据要素驱动农村经济发展的溢出效应，选取数据要素应用指数作为解释变量，农村经济发展水平作为被解释变量，政府干预程度、区域工业化发展水平和金融发展水平作为控制变量，运用 Moran's I 对指标的空间进行自相关分析，然后通过各项检验运用 SDM 模型进行溢出效应分解并进行异质性建议和稳健性检验。

7.1　模型设定及变量选取

7.1.1　模型设定

7.1.1.1　OLS 模型设定

借鉴姜磊（2020）在不考虑溢出效应情况下运用 OLS 模型进行回归估

计，基于 OLS 模型（7-1）实证分析 42 个县市数据要素利用对农村经济的影响。

$$\ln re_{it} = \alpha_0 + \alpha \ln da_{it} + \alpha \ln z_{it} + \varepsilon_{it} \tag{7-1}$$

7.1.1.2　空间计量模型设定

选择常用 SAR、SEM 和 SDM 模型。SAR 模型（7-2）、SEM 模型（7-3）均可以反映本县市数据要素利用对本县市农村经济发展的直接影响，SAR 模型反映其他县市农村经济发展对本县市的农村经济发展的间接影响，SEM 模型反映其他县市空间误差项对本县市农村经济发展的间接影响，SDM 模型（7-4）以上均可反映。

$$\ln re_{it} = \alpha_0 + \alpha \ln da_{it} + \alpha \ln z_{it} + \beta \sum_{j=1}^{n} w_{ij} \ln re_{jt} + \varepsilon_{it} \tag{7-2}$$

$$\ln re_{it} = \alpha_0 + \alpha \ln da_{it} + \alpha \ln z_{it} + \lambda \sum_{j=1}^{n} w_{ij} \mu_{jt} + \varepsilon_{it} \tag{7-3}$$

$$\ln re_{it} = \alpha_0 + \alpha \ln da_{it} + \alpha \ln z_{it} + \beta \sum_{j=1}^{n} w_{ij} \ln da_{jt} + \beta \sum_{j=1}^{n} \ln z_{jt} + \beta \sum_{j=1}^{n} \ln re_{jt} + \varepsilon_{it}$$

$$\tag{7-4}$$

其中，$\ln re_{it}$ 和 $\ln re_{jt}$ 分别表示 t 年区域 i 和区域 j 农村经济发展水平的自然对数，$\ln da_{it}$ 和 $\ln da_{jt}$ 分别表示 t 年区域 i 和区域 j 数据要素利用指数的自然对数，$\ln z_{it}$ 和 $\ln z_{jt}$ 分别表示 t 年区域 i 和区域 j 控制变量的自然对数。

7.1.2　变量选取

傅泽（2021）、慎丹和杨印生（2020）分别从直播带货和电商产业发展的角度实证分析了数据要素利用对农村经济发展的影响。何宗樾和宋旭光（2020）研究分析了在数字经济时代数据要素的使用带动就业的原理。根据前文的论述，说明数据要素通过技术对农村经济发展起到带动作用，同时数据要素利用可以丰富现有的人才库，促进农村形成多层次的人才需求体系，参考牛剑平等（2010）、任卓娜等（2011）、李晔等（2010）、李喜梅（2008）、陈煜等（2020）的研究，从生产条件、经济水平、资金投入和劳动力情况反映农村经济发展水平的指标，如表7-1所示。本书选取政府干预程度（gv）、区域工业化发展水平（di）、金融发展水平（fd）共3个控制变量，政府干预程度采取的是公益性资金支出比重；区域工业化发展水平采用县市的第二产业增加值与县市GDP的比重；金融发展水平采用县市内金融机构年末贷款余额与县市GDP的比重表示。

表7-1　农村经济发展指数指标体系

一级指标	二级指标
生产条件（0.25）	人均耕地面积（亩）（0.083）
	单位农用机械动力（千瓦/公顷）（0.083）
	农村网络覆盖率（0.083）
经济水平（0.25）	农业总产值（万元）（0.125）
	农产人均农业产值（元）（0.125）
资金投入（0.25）	农村基础设施改造（万元）（0.25）
劳动力情况（0.25）	农村劳动力数量（万人）（0.125）
	农业从业人员比重（0.125）
	单位农用机械动力（千瓦/公顷）（0.083）

7.2　实证分析

在实证分析方面，首先运用Moran's I方法进行自相关分析，本书选择的是基于邻接、地理距离和经济距离三种权重方式，使用Geoda软件测算和绘制 2018~2020 年 42 个县市农村经济发展情况的 Moran's I 进行空间相关性分析。

7.2.1　数据要素驱动新疆农村经济发展的空间相关性分析

如表 7-2 所示，基于邻接权重、地理距离权重和经济距离权重下 2018~2020 年 42 个县市农村经济发展指数的 Moran's I 均显著为正，表明数据要素利用存在明显的空间正相关性。其中，基于地理距离权重下 42 个县市农村经济发展指数的 Moran's I 总体上大于邻接权重下的 Moran's I，表明在农村经济发展水平空间正相关性上地理距离权重因素优于邻接权重因素。基于邻接权重下新疆农村经济发展水平的 Moran's I 总体上大于经济距离权重下的 Moran's I，表明在农村经济发展水平空间正相关性上经济距离权重因素优于经济距离权重因素。因此，在农村经济发展水平空间正相关性上地理距离权重因素优于邻接权重因素和经济距离因素，基于地理距离权重下农村经济发展水平的空间正相关性较强。

表 7-2　2018~2020 年各县市农村经济发展水平的 Moran's I

年份	邻接权重（基于 Queen）			地理距离权重			经济距离权重		
	Moran's I	Z 值	P 值	Moran's I	Z 值	P 值	Moran's I	Z 值	P 值
2018	0.188	2.032	0.133	0.053	0.457	0.237	0.339	2.812	0.006
2019	0.142	1.241	0.024	0.134	1.232	0.06	0.321	2.697	0.007
2020	0.103	1.123	0.002	0.214	2.327	0.036	0.309	2.590	0.008

由散点图分布变化可知，2018 年新疆 42 个县市的散点平均分布在四个象限，2020 年主要分布在第一象限和第三象限，其中 2018 年农村经济发展水平空间集聚特征表现为显著的"高-高"集聚的有 1 个县市、"低-高"集聚的有 2 个县市、"低-低"集聚的有 2 个县市；2020 年农村经济发展水平空

间集聚表现为显著的"高-高"集聚的有 5 个县市、"低-高"集聚的有 1 个县市、"低-低"集聚的有 5 个县市、"高-低"集聚的有 1 个县市。

7.2.2 模型选择与检验

在不考虑溢出效应运用 OLS 模型实证分析新疆数据要素利用对农村经济发展的影响，从表 7-3 可以看出，新疆数据要素对农村经济发展具有显著的促进作用。

表 7-3 数据要素驱动新疆农村经济发展的 OLS 模型回归结果

变量	lnda	lngv	lndi	lnfd	_cons	R^2
回归结果	0.113 *** (0.017)	0.135 *** (0.029)	−0.123 *** (0.0197)	−0.156 *** (0.017)	6.879 *** (0.38)	0.618

注: *** 表示在 1%水平上显著。

基于 OLS 的结果充分考虑到溢出效应运用空间计量模型实证检验新疆数据要素应用对农村经济发展的溢出效应，参考 Elhorst 对空间计量模型的研究方法进行检验，从而在其中选择较为合理的模型进行空间计量模型实证分析。如表 7-4 所示，首先通过运用 SAR 模型进行 LM 检验均没有拒绝"无空间自相关"的原假设，而运用 SEM 进行 LM 检验均拒绝了"无空间自相关"的原假设。由此可见数据要素应用对农村经济发展存在溢出效应。其次运用 SEM 模型与 SAR 模型进行 LR 检验，均拒绝了 SDM 模型可以转化为 SEM 和 SAR 模型的原假设，基于此，所以选择 SDM 模型较好。最后根据 Hausman 检验可知，应该选择 SDM 固定效应模型进行分析。

表 7-4　数据要素驱动新疆农村经济发展的空间计量模型

LM、LR 和 Hausman 的检验结果

Met	检验结果	Met	检验结果
LM-error	0.013 (5.638)	LR（SDM 与 SAR）	0.000 (6.123)
LM-lag	0.623 (0.121)	LR（SDM 与 SEM）	0.012 (3.231)
RLM-error	0.012 (6.012)	Hausman	0.000 (22.122)
RLM-lag	0.543 (0.189)	—	—

注：括号内为统计量。

　　基于上述检验结果使用 SDM 固定模型进行实证分析，表 7-5 为新疆数据要素应用对农村经济发展的作用结果，结果由 R^2、LogL 和变量的估计系数对 SDM 固定效应模型拟合效果进行全面分析，实证结果显示 SDM 时间固定效应模型新疆数据要素应用对农村经济发展的溢出效应估计结果均明显优于时间固定和双固定模型的结果，故为了进一步做好实证分析，新疆数据要素应用对农村经济发展的溢出效应分析应选择 SDM 时间固定效应。

表 7-5　数据要素驱动新疆农村经济发展溢出效应分解估计结果

Var	农村经济发展		
	时间固定	空间固定	双固定
lnda	0.138*** (0.049)	0.089 (1.881)	0.013 (0.649)
lngv	0.034** (0.031)	−0.081 (−0.981)	0.089* (0.079)
lndi	0.121 (1.891)	0.091* (0.081)	0.009 1.229

续表

Var	农村经济发展		
	时间固定	空间固定	双固定
lnfd	−0.113 (1.112)	−0.035 (1.112)	−0.089 (1.021)
W×lnda	0.098*** (0.012)	0.165 (1.17)	0.001 (0.87)
W×lngv	0.025** (0.021)	−0.128 (−1.24)	0.018* (0.015)
W×lndi	0.127 (1.211)	0.088* (0.087)	0.018 (0.117)
W×lnfd	−0.089 (0.789)	−0.024 (1.112)	−0.023 (0.899)
ρ	0.055*** (0.019)	0.235 (1.453)	0.211 (1.231)
λ	0.164*** (0.083)	1.201 (5.671)	0.198 (1.232)
R^2	0.234	0.152	0.123
LogL	88.23	47.23	101.9

注：＊、＊＊和＊＊＊分别表示在10%、5%和1%水平上显著。

7.2.3 数据要素驱动新疆农村经济发展的空间效应分解

由表7-6可知，从直接效应、溢出效应和总效应方面分析可得：数据要素利用对农村经济发展的直接效应、溢出效应和总效应的系数分别为0.122、0.101和0.223，其中数据要素对农村经济发展的溢出效应和总效应均通过了10%的显著性检验，直接效应通过了5%的显著性检验。说明本县市数据要素应用水平每提高1%，这个县市的农村经济发展水平就会增长0.122%，同时其他县市的数据要素应用水平增长1%，本县市的农村经济发展水平就会增长0.101%。未考虑溢出效应的OLS模型的估计结果系数为0.138，主要是模型高估了数据要素应用对农村经济发展的促进作用，忽略了还同时存在溢出效应。数据要素对农村经济发展具有显著正向的直接效应和溢出效应，主要原因是数据要素应用水平的提升，从侧面可以反映出涉农产业向数字化转型进程加速，数据要素作为新型生产要素，能协同其他生产要素进行重组资源的优化配置，降低农业生产成本、农产品流通成本，产生规模报酬递增效应，进而促进农村经济发展；另外，随着新疆各县市争先恐后地进行建设具有数据功能的大数据中心、建设智慧农场或者数字农业产业园等，形成了"羊群效应"，进而间接性带动了本地农村经济发展。毋庸置疑的是，数据要素的应用确实能带动一个区域的农村经济发展而且容易形成集聚效应，本县市内部之间形成显著的正向直接效应，其他县市也会为本县市带来正向的溢出效应。基于此，可以证明研究假设1，数据要素对农村经济发展具有显著的促进作用，可以通过数据要素驱动农村经济发展。

表7-6　数据要素驱动新疆农村经济发展溢出效应分解结果

变量	直接效应	溢出效应	总效应
lnda	0.122** (0.033)	0.101*** (0.002)	0.223*** (0.023)
lngv	0.129 (1.23)	0.101** (0.043)	0.213** (0.112)
lndi	0.231* (0.213)	0.101** (0.031)	0.332 (3.21)
lnfd	0.233 (2.122)	−0.109* (0.101)	0.114* (0.131)

注：*、**和***分别表示在10%、5%和1%水平上显著。

从控制变量方面分析可得：工业化程度、金融水平为农村经济发展带来5%的显著性正向溢出效应，政府干预程度为农村经济发展带来5%的显著负向溢出效应。由于刻板印象，大部分学者认为工业化的代价是乡村衰败，更多的资源流向工业，而农村原本不够的资源对发展来说更是雪上加霜，新疆工业化程度对农村经济发展具有显著的促进作用，究其原因是在扶贫阶段时各个乡镇建设的乡村产业园、乡村生产车间发挥的作用，这类产业一般为劳动密集型产业或者是农副产品加工业，需要大量的农产品和农村劳动力，这样的发展模式不仅给本地农村带来了社会资本的投入，还为本地和邻近县市的农户带来就业的机会，更有利于为农村经济发展带来新的模式和机会。金融水平的高低能直接帮助农村经济产业升级改造，基于金融支持和金融创新，企业可以对设备进行改造升级，此外金融发展可以满足创业者的金融服务需求，同时金融产品具有趋同性，很明显的是，在新疆经济发展水平总体差异不大的情况下，邮政银行和农商银行会开展较多的金融服务，且邻近县市的金融服务差异很小，这就说明金融水平的升高不仅能带动当地农村金融市场的发展，还可以对其他区域产生正向的溢出效应。政府干预程度是所有县市在分同一块"蛋糕"，其中必然会涉及分多分少的问题，政府干预程度之所以会产生负的溢出效应，主要是当一个县市获得较多的政府支持能迅速改善农村经济发展的制约短板，但是相应的其他县市能获得的政府支持就相应减少，进而带来负向影响。

7.2.4 数据要素驱动新疆农村经济发展的异质性分析

对新疆5个地州市分别进行空间效应分解，可以得到表7-7。基于数据要素对农村经济发展的溢出效应分析可以发现，数据要素驱动新疆各地州市的效应均不一致，对巴州的直接效应要远高于其他地区，同时数据要素对农村经济发展的驱动作用对巴州均通过了显著性检验，说明数据要素对农村经济发展具有显著性的正向直接效应、溢出效应和总效应。同时数据要素对农村经济发展的驱动作用对克州均通过了显著性检验，说明数据要素对农村经济发展具有显著性的负向直接效应、溢出效应和总效应。由此可见，新疆数据要素对农村经济发展的空间效应存在异质性，这与空间相关性的结果分析基本一致。从侧面反映出新疆5个地州市之间的数据要素应用水平不同，对农村经济发展的促进作用也不同。

表7-7 SDM 时间固定效应模型新疆数据要素驱动农村经济发展溢出效应分解结果

变量		lnda	lngv	lndi	lnfu
巴音郭楞蒙古州	直接效应	0.148 (1.364)	0.114 (1.216)	1.238 (3.147)	0.098 (1.114)
	溢出效应	0.112 (1.324)	0.098** (0.086)	1.231* (1.112)	0.089 (1.101)
	总效应	0.26 (1.532)	0.212 (1.346)	2.469 (3.234)	0.187 (1.432)
阿克苏地区	直接效应	0.108 (1.434)	0.112 (1.113)	0.112** (0.103)	0.918 (1.234)
	溢出效应	0.099 (1.32)	0.101 (1.109)	0.019** (0.009)	0.069 (1.321)
	总效应	0.207 (1.532)	0.213 (1.119)	0.131** (0.088)	0.987 (1.872)
克孜勒苏柯尔克孜自治州	直接效应	0.068 (0.988)	0.098 (0.981)	-0.008 (0.084)	0.068 (0.988)
	溢出效应	0.063 (0.899)	0.068 (0.886)	-0.018 (0.884)	0.063 (0.899)
	总效应	0.131 (1.411)	0.166 (1.022)	-0.026 (1.122)	0.131 (1.411)
喀什地区	直接效应	0.148 (1.364)	0.102 (1.237)	0.112 (1.221)	0.118 (0.981)
	溢出效应	0.112 (1.324)	0.101** (0.011)	0.029 (1.121)	0.221*** (0.082)
	总效应	0.26 (1.532)	0.203 (1.239)	0.141 (1.211)	0.339 (1.112)

变量		lnda	lngv	lndi	lnfu
和田地区	直接效应	0.138 (1.684)	0.092 (1.104)	0.112 (1.112)	0.099 (1.091)
	溢出效应	0.109 (1.324)	0.101** (0.023)	0.231 (2.321)	0.032*** (0.011)
	总效应	0.247 (1.689)	0.193 (1.099)	0.343 (2.334)	0.131 (1.112)

注：*、**和***分别表示在10%、5%和1%水平上显著。

基于控制变量对农村经济发展的溢出效应的分析可以发现，巴州的金融水平对农村经济的发展存在5%的显著性正向的溢出效应，工业化发展程度对农村经济发展存在1%的显著性正向的溢出效应，而政府支持程度对农村经济发展不存在显著的溢出效应。阿克苏地区的工业化程度对农村经济发展存在5%的显著的正向溢出效应，其他控制变量不显著。克州的所有控制变量均不存在显著的溢出效应。喀什地区的金融水平和工业化程度对农村经济发展均存在10%的显著性的正向溢出效应，政府干预程度对农村经济发展存在5%的显著性的负向溢出效应。和田地区的控制变量对农村经济发展的影响同喀什地区一致，但是和田地区的溢出程度远远低于喀什地区。由此可知，新疆各地州市之间在政府干预程度、金融支持和工业化程度均存在异质性，故对农村经济发展的影响程度均不一样，此外克州的控制变量对农村经济发展的作用均不显著，说明克州农村经济发展过程中没有做好一二三产业融合，同时由于克州处于帕米尔高原，自然环境比较恶劣，对于发展农村经济的条件受限较大。

7.2.5　数据要素驱动新疆农村经济发展的稳健性检验

替换解释变量。重新选择数字产业发展指数并赋值作为数据要素利用指数,基于稳健性检验对数据要素利用水平进行替换,主要是由于数据要素作为生产要素应用于产业发展,以数字产业发展指数衡量数据要素利用水平相对合理。与表7-5模型估计结果相比,由表7-8模型估计结果可知,W×lnda系数显著性发生变化,出现明显的降低,但是只有个别变量估计系数发生变化,其他大多数变量估计系数基本保持一致。

表7-8　数据要素驱动新疆农村经济发展溢出效应分解估计结果（替换解释变量）

Var	农村经济发展		
	时间固定	空间固定	双固定
lnda	0.116 *** (0.096)	0.068 (0.123)	0.009 (0.235)
lngv	0.034 ** (0.023)	-0.086 (0.961)	0.081 * (0.079)
lndi	0.101 (1.651)	0.091 * (0.083)	0.009 (1.229)
lnfd	-0.103 (1.122)	-0.025 (1.002)	-0.069 (1.099)
W×lnda	0.098 *** (0.033)	0.165 (1.17)	0.001 (0.87)
W×lngv	0.025 ** (0.019)	-0.108 (1.241)	0.018 * (0.013)
W×lndi	0.127 (1.211)	0.068 * (0.828)	0.016 (0.112)
W×lnfd	-0.069 (0.881)	-0.024 (1.102)	-0.023 (0.809)
ρ	0.045 *** (0.035)	0.215 (1.453)	0.201 (2.123)
λ	0.134 *** (0.076)	1.119 (4.631)	0.118 (1.116)
R^2	0.245	0.178	0.119
LogL	86.23	46.53	102.23

注:*、**和***分别表示在10%、5%和1%水平上显著。

替换空间权重矩阵。参考在处理内生性问题时采用替代空间权重矩阵的方法进行稳健性检验，本书使用新疆 42 个县市人民政府的交通时间替代实际交通距离，测算出新的经济距离权重矩阵。数据要素对农村经济发展的空间溢出效应选择新的经济距离权重矩阵进行重新估计。实证分析数据要素对农村经济发展的溢出效应进行稳健性检验，以判断检验结果是否稳健，避免由于内生性问题引起的估计偏误。由表 7-9 模型估计结果可知，无论是变量的估计系数的方向、大小和显著性，还是 R^2 和 LogL，均与表 7-4 模型估计结果基本上一致。

表 7-9　数据要素驱动新疆农村经济发展溢出效应分解估计结果（替换空间矩阵）

Var	农村经济发展		
	时间固定	空间固定	双固定
lnda	0.128 *** (0.089)	0.067 (1.991)	0.009 (0.631)
lngv	0.035 ** (0.033)	-0.029 (0.691)	0.088 * (0.079)
Indi	0.124 (1.899)	0.021 * (0.018)	0.004 (1.289)
lnfd	-0.103 (1.138)	-0.039 (1.161)	-0.089 (1.021)
W×lnda	0.067 *** (0.036)	-0.215 (1.378)	0.001 (0.877)
W×lngv	0.019 ** (0.016)	-0.121 (-1.241)	0.0189 * (0.132)
W×Indi	0.198 (1.911)	0.068 * (0.059)	0.019 (0.134)
W×lnfd	-0.029 (0.889)	-0.024 (1.123)	-0.065 (0.995)
ρ	0.052 *** (0.039)	0.245 (1.463)	0.233 (1.261)

续表

Var	农村经济发展		
	时间固定	空间固定	双固定
λ	0.164*** (0.103)	1.202 (5.676)	0.194 (1.456)
R^2	0.201	0.121	0.098
LogL	87.23	45.68	103.69

注: *、** 和 *** 分别表示在 10%、5% 和 1% 水平上显著。

以上稳健性检验表明数据要素对农村经济发展的溢出效应的实证结果是稳健可靠的。

7.3 本章小结

本章基于数据要素对农村经济发展的影响进行实证分析，首先构建农村经济发展水平的评价指标，按照阈值法对指标进行赋值并进行标准化处理，数据要素采用的是第 5 章的数据要素应用指数，此外选择 3 个控制变量。

通过自相关检测结果发现，新疆农村经济发展基于地理距离权重下呈现较强的正相关性，通过检验发现数据要素对农村经济发展的作用选择的是 SDM 时间固定模型，研究结果发现，数据要素利用对农村经济发展的直接效应、溢出效应和总效应的系数分别为 0.122、0.101 和 0.223，其中数据要素对农村经济发展的溢出效应和总效应均通过了 10% 的显著性检验。在控制变量方面，工业化程度、金融水平为农村经济发展带来 5% 的显著性正向溢出效应，政府干预程度为农村经济发展带来 5% 的显著的负向溢出效应。

通过异质性检验发现数据要素驱动新疆各地州市的效应均不一致，巴州的直接效应要远高于其他地区，对克州直接效应、溢出效应和总效应最低。在控制变量方面，巴州的金融水平对农村经济发展存在5%的显著性正向的溢出效应，工业化发展程度对农村经济发展存在1%的显著性正向的溢出效应。阿克苏地区的工业化程度对农村经济发展存在5%的显著的正向溢出效应。克州的所有控制变量均不存在显著的溢出效应。喀什地区的金融水平和工业化程度对农村经济发展均存在10%的显著性的正向溢出效应，政府干预程度对农村经济发展存在5%的显著性的负向溢出效应。和田地区的控制变量对农村经济发展的影响同喀什地区一致，但是和田地区的溢出程度远远低于喀什地区。

另外，通过替换解释变量和空间权重矩阵进行稳固性检验，研究结果发现解释变量出现明显的降低，但是显著性和具体的系数变化不大，也没有异常的系数变动情况，符合稳健性检验要求。通过实证检验发现，数据要素对新疆农村经济发展具有促进作用，但是不能孤立地去看待农村经济发展问题，结合控制变量的结果证明，产业发展势必受产业融合的影响，工业带动农业发展，政府政策倾斜、良好的金融环境都是对促进农村经济发展不可或缺的条件，同样不能忽视。

第8章 数据要素驱动农村经济发展的模式选择

从中央到地方，再到基层，都有相关有力的政策来支持农业经济与数字经济融合发展。互联网、大数据等相关数字技术已经开始应用于农业经济，带动农村经济发展。在数字技术的发展应用实践下，数字化的发展理念也"随风潜入夜"般进入到农村经济发展中，在数字战略实施的支持下，更好地利用信息、数据来发展农村经济，创新农业生产方式，实现数据要素和农村经济发展相融合是必然的选择，而数据要素驱动农村经济的发展更需要从理论和实践出发，特别是要注意学习现有的经验做法，总结相关的不足，对新疆实践后再进行归纳总结，实现全面应用于数据要素发展农村经济。

除此之外，数据要素和农村经济融合发展模式不仅能带来新效益，还可以通过新型数据计算，进行更合理的规模生产，提高农业的生产效率，为农业生产提供更多的优质方案。通过大数据的匹配计算建立起完整的数字农业发展新模式，实时实现农业信息的沟通和共享，逐渐改变传统模式下的农村经济，实现可持续发展。

8.1 依托数字基础设施改造的设施农业模式

8.1.1 形成背景

依托数字基础设施改造的设施农业模式大多在农业产业园、智慧农场等具有一定设施农业基础的场景应用，首先是进行设备的升级改造，加装传感器、滴灌（喷灌）等数字基础设施，再通过与三大运营商合作建立数字信息平台，形成以物联网运用技术与数字分析技术相结合的发展模式，该模式是依托技术和设备的升级改造，属于对设备、技术集成引用场景。创造适宜作物生长的环境，满足养殖牲畜的舒适气候，突破农业生产的自然环境限制，而依托物联网设施农业又是大数据设施农业的重要组成部分，通过各类传感器采集数据，然后对数据进行整理分析并为管理人员提供指令参考，实现农户对作物生长的超越时空限制的网络化管理和操作。其中，数字棉花主要是通过物联网、利用数据库建立农作物生长模型的方式实现棉花精准化、智能化种植。此外，在英吉沙县杏产业数字农场、伽师县西梅产业园、巴州绿洲农场、疏附县智慧农业产业园等均采取该模式。

案例【1】

案例名称：库尔勒：智慧农业赋能乡村振兴

绿洲农场是新疆绿洲驼铃农业发展有限公司在巴州库尔勒市和什力克乡打造的"线上智慧平台+线下运营体系"现代化专业智慧农场体系，重点实现节约用水规模、减少药肥使用、提高单体亩产、控制运营成本、精准流程管理等核心功能。目前，绿洲农场的 5000 余亩棉田已经实现了智慧化种植，还覆盖了周边梨园、养殖场等农业设施。绿洲农场院内，还布局了水肥控制中心、仓储物流中心、农机保障中心、农产品加工交售中心等，在这里农资、农机、交售、保险、金融等全产业链流程进行了标准化，为成本结构、收益测算以及推广方式提供了量化支持。

2021 年开始，和什力克乡与绿洲驼铃合作，建设数字化农业运转中心，探索改善棉花、小麦、玉米、香梨的种植新方式，打造"线上智慧平台+线下运营体系"现代化专业智慧农场体系，开展无人值守，科学化、机械化、规模化种植新模式。加强对 1.5 万亩香梨田间管理，改用绿肥、有机肥，改善果树健康状况、深度修剪、更新品种不断提升香梨品质。大力发展庭院经济，1039 户农户制定庭院经济发展"一户一册"，并将菜地接入智慧农场，由农业发展中心专业人员随时提供帮助，助力庭院经济发展，预计年底盈利 100 余万元，扎实有序做好乡村发展，推进数字化乡村建设，推动乡村振兴取得新进展。

资料来源：搜狐网。

案例点评：库尔勒市的绿洲农场建立了一套集产学研于一体的智慧农业发展模式，以"政府+公司+农户+科研单位"为主体，将资金、土地、技术、人才、数据等经济发展要素充分协调配置，利用数据要素（数字技术）建立了生产到流通需要的农资、农机、金融、仓储等配套软硬件。此外，绿洲农场运营模式通过为 1039 户农户制定庭院经济发展"一户一册"，承担了农业企业发展的社会责任感，为农民增收贡献力量。

8.1.2 主要特点

8.1.2.1 需要对基础设施进行数字化改造

依托数字基础设施改造的设施农业模式实施的前提是对基础设施的更新换代，例如：疏附县粤港澳大湾区"菜篮子"基地采用的是利用 5G 网络和物联网的技术保障，通过加装物联网运用的各类传感器，以设备仪器分析温度、湿度、二氧化碳、风速、土壤等情况，实现数据互通，帮助生产实现数据传导，实现生产的智能化、精准化。泽普县良种场将原有的高标准农田配套智能水肥仪、无线电动阀门、物联网传感器（虫情监测仪、智能气象站、土地墒情仪等）、卫星遥感等设备升级，形成智慧农业管理系统，帮助农户实现了足不出户就可以进行农业生产，大大突破了农业生产的时空限制。通过疏附县和泽普县的案例可以发现，该模式的数字化改造更多倾向的是物联网技术的使用，更多基于传感器的使用，与此同时，该模式逐渐由室内小面积向高标准大田延伸。

案例【2】

案例名称：泽普县良种场智慧农业建设情况调查

高标准农田改建项目共投资 498 万元，对良种场 0.5 万亩土地进行平整，每个条田 150 亩，为良种繁育规模化、现代化农业打牢基础。高效节水配套安装首部、过滤器（5 套）、过滤网、泵房（5 座）、沉砂池（3 座）、离心泵（10 套）等主要部件，铺设主管道 37.4 公里（PE 管道 37.4 公里，PVC-U 管道 43.95 公里，滴灌带 4350 公里），依托现有基金设施有利条件，积极推广滴灌高效节水技术。此项目于 2021 年 6 月 25 日开工，8 月 25 日投入使用，全年滴灌小麦每亩用水约 340 立方米，全生育期小麦滴灌 8 次，亩产将达 600 公斤以上，节水率可达 53%，亩均增产 17%。在全场推进实施智慧农业，配套建设电磁网、水肥一体机等设备，通过高标准农田建设，减少良种繁育成本，提高良种产量。

通过软硬件设施升级改造，将原有碎片化的农田建设成为一个集约化、标准化、信息化、智能化、智慧化的高标准农田。在高标准农田建设上配套智能水肥依托化施肥系统，远程自动控制的无线电动阀门，物联网传感器（土地墒情检测仪、虫情测报系统、水质检测仪、智能气象站、5G 视频监控设施），卫星遥感等实现水肥自动化控制，土壤墒情检测可以及时查看农作物生长情况及病虫害监测、田间气象综合管理等。

资料来源：调研材料整理所得。

案例点评： 智慧农业综合管理平台系统利用传感器对土壤墒情、水肥、生长势、病虫害、产量、异常气象预警等方面的数据进行实时监测和分析，通过手机 App 让用户实时掌握农业生产情况，通过"物联网+农业"的形式形成农业现代化的深度融合，提高的水肥利用率，提升农作物的品质，降低农业生产的人工成本，带动群众实现增产增收。

8.1.2.2 对数字技术的依赖程度较高

数字基础设施的升级换代需要匹配相应的技术支持，特别是基于数据分析的大数据、物联网、区块链等技术的使用，物联网技术的应用可以提高数据的准确性和整个农业生产过程的数字化控制和智能化生产管理。物联网技术是数字技术在农业生产中的重要组成部分，它通过传感器等设备，实现了对农业生产过程中的各个环节进行数据采集、监测和控制。通过物联网技术的应用，可以提高数据的准确性，避免人工干预和错误操作带来的误差，同时实现整个农业生产过程的数字化控制和智能化生产管理，提高农业生产效率和品质，推动农业机械化发展。例如：疏勒县智慧农业产业园使用了配套水肥一体化系统和物联网系统，实现了智慧大棚的自动控制，智慧大棚全程使用的是数字技术，打破了传统需要记录作物生长情况，整个过程依靠数字技术进行数据分析，对农作物生长异常进行预警。

8.1.2.3 对操作人员的技术要求较高

操作人员需要进行业务培训，根据巴州万农智慧生态农业科技有限公司的相关负责人座谈了解到，虽然大部分的技术操作可以通过手机去实施，但是在使用前需要进行模块及系统的解读，特别是一些专业术语需要通过业务培训进行解读，否则一部分农户会出现对于操作系统操作不当的情况，在一般情况下，购买设备会配套相关的培训业务。此外，现有的操作系统也在逐步完善，为了方便农户的操作使用，一些应用系统也采取了双语模式系统，此外一些县市还在产业季度配备了有经验的技术员蹲点服务。例如：在阿克陶县恰尔隆镇设施农业产业示范基地，由 1 名 15 年种植经验的县级技术员担任该示范基地的技术指导。

8.1.2.4 投入资金较大

依托数字基础设施改造的设施农业模式首先需要对原有的生产设施进行更新换代，需要借助更多的传感器进行数据分析；其次需要建立各类数据构成的数据库；最后形成规范的生产流程和生产体系，需要考虑的是因设备更新投入的成本较大、资金投入不够的问题。例如：伽师县西梅产业园投资建成使用 3.7 亿元、泽普县良种场设备投入资金达 3700 万元、疏勒县农业产业园项目投资 1.6 亿元。设备的更新换代需要投入的资金量巨大，现阶段的资金主要来源是以政府投资为主，企业、援疆等多方面为辅筹得资金，未来趋势是需要引进有实力的企业或者其他社会资本进行资金投入更新设备。

案例【3】

案例名称：伽师县新梅产业智慧化发展情况

　　伽师县按照"优化产业结构、提高管理水平，鲜食加工并举、延伸产业链条，强化市场营销、打造品牌"的总体思路，从注重生产向注重营销转变。联合广东省对口支援新疆工作前方指挥部、佛山援疆工作队共同筹集3.8亿元，在英买里乡打造伽师县新梅产业园，分别引进了喀什东来农业发展有限公司以及百果安达等农业巨头，打造成包含西梅在内的各种生鲜水果集分拣、储存、保鲜、冷藏、交易、物流、研发于一体的现代化综合性园区。

　　该园区主要选择的是江西绿萌自动化西梅分选线代替人工分拣、包装，采用绿萌自主研发的视觉检测技术，自动识别西梅表面丰富的外观信息，全程轻柔分选，采用核心的内部品质无损检测技术，检测西梅的内部糖度，通过大数据算法，根据客户提前设定的参数指标，分选出不同的品质等级，以方便客户针对不同的终端市场需求，有针对性地销往对应的市场，实现整体效益的提升。新鲜采摘下的成吨西梅，在江西绿萌的自动化分选线上完成分拣、包装等自动化加工环节，分选结束后就可经物流运输通道销往全国各地，保证了西梅的新鲜度，提升了"伽师新梅"品牌特色农产品影响力，助推伽师县现代特色农业提档升级，助力乡村振兴发展。

　　资料来源：调研材料整理所得。

　　案例点评：产业兴旺是乡村振兴的重要内容之一，发展特色农业数字化市驱动农村经济高质量发展的重要举措，喀什地区伽师县的特色产业新梅产业善于另辟蹊径，基于新梅生长周期所需要的水、肥、光、热等因素的数据分析，借助图像识别功能对新梅进行分拣，同时建立了食品安全溯源二维码，通过数字技术的应用，建立起集种植、加工、销售于一体的数字农场，不仅节约了农业资源要素的投入成本，还用技术干预的手段提升了农产品的质量，借助新疆果业、阿里巴巴的企业优势，将新梅产业做得更加完善。

8.1.3 取得成效

8.1.3.1 改善农业数字化的硬件条件

利用数字技术的软硬件设施可以帮助农业生产实现智能化、精准化，使农业生产不再依靠传统的人力、机械，而是越来越依靠数字技术的应用，数字技术的应用可以实现农业生产自动化、质量控制智能化，进而可以帮助劳动者实现高效工作，在有限的劳动时间内创造更多的农产品。例如：新疆在棉花种植使用的无人机打药、北斗定位耕种等可以在一天内完成所有的土地的工作量，甚至也可以在夜间进行农业生产，大大改善了农业生产的机械条件。喀什地区泽普县良种场通过将5000亩高标准农田通过加装智能水肥依托化施肥系统，远程自动控制的无线电动阀门，物联网传感器（土地墒情检测仪、虫情测报系统、水质检测仪、智能气象站、5G视频监控设施），卫星遥感等实现水肥自动化控制，土壤墒情检测器等设备，大大改善了良种场高标准农田的数字硬件设备配备。

8.1.3.2 农业生产可以突破时空限制

传统的生产模式要求劳动者在固定场所开展生产，从事农业生产也受到时间、天气的制约，特别是极端天气的影响，例如春季沙尘暴、夏季冰雹等，这些极端天气限制了整体的农业生产过程。互联网的普及和数字技术的运用突破了时空限制，农民只需一部手机或者一台笔记本电脑就可以随时随地开展农业生产活动。此外，数字技术有助于实现无人值班的 24 小时流程化生产。这些事实表明数据要素的流通及数字技术的运用能显著延长劳动总时长，创造更多的价值。例如：在阿克苏地区、喀什地区的蔬菜种植温控大棚的农业生产过程中，利用数字技术大棚摄像头、传感器、智能灌溉系统等 5G 技术，农民可以随时随地监控农作物生长情况，通过智能后台管理端配置农业生产的水、温度等，有利于当地农民实现对农作物精细化管理，农民找到了致富奔小康的"金钥匙"。

案例【4】

案例名称："体力活"变"智力活"智慧大棚"亚克西"

巴州新投绿环种植有限责任公司现有大棚共计 4000 余亩，涵盖温室大棚、土大棚、玻璃大棚等多种类型，但采用传统农业生产、管理方式，大棚温度、湿度及浇水、施肥等生产均需人工操作，导致整体产量低；阿克陶县麻扎窝孜村在昆仑山帕米尔高原深处，距县城 260 公里，村民祖祖辈辈生活在山区以放牧为生。2019 年，实施了易地扶贫搬迁工程，大山深处的村民搬迁到了山下，村民们的生计问题成为了当时的首要问题；和田县位于干旱地区，少雨少水的环境导致灌溉成了当地农业发展的大问题。

在喀什地区疏附县的现代农业园区里，中国电信新疆疏勒分公司通过集成 5G、物联网、大规模数据处理与远程控制等物联网核心技术，将该园区内 40 多座大棚建成了"智慧大棚"，种植户及管理人员可以在客户端上实时掌握所有大棚的种植环境信息，实现农作物育苗、种植的"车间化""智能化"，大大减少了人力成本。

相比传统老旧的控制方式，"智慧大棚"为工作人员带来了诸多便利；"恰尔隆镇昆仑佳苑设施农业种植基地"取得了良好的经济效益，经过大家近两年的努力，2022 年示范基地单棚年收益为 2.5 万元，村民单棚年收益也达 2 万元左右。疏附县现代农业产业园"智慧化"改造完成后，每年可节省成本 157.7 万元，农产品产量提升 13%；如此的集约智能化管理不但节省了大量种植成本，更带动了当地农民投身智慧农业生产的积极性。智能大棚的应用可以有效地提高农作物质量、提高农民耕作效率、向种植者提供快速、及时的温室大棚监测数据，加快应急速度。

全疆各地越来越多的农业园区和农户使用了"智慧大棚"，一幅幅数字强农、数字富民的美好画卷在天山南北徐徐展开。下一步，中国电信新疆公司将充分发挥央企优势，系统化、深层次、广覆盖地开展"5G+数字农业建设"，让 5G、天翼云、物联网等新一代信息技术在农业农村的创新应用，加快农业现代化、数字化发展，为边疆农业生产发展添"智"提"质"。

资料来源：澎湃新闻网。

案例分析：各地州市与中国电信新疆分公司均建立了友好的合作关系，通过"政府+企业+农户"的方式，可以更好地将技术传导给农户，通过引入社会资本的形式加大对数据要素利用的基础设施的投入，减少了单一政府投入带来的资金投入不足的弊端，同时，将新一代数字信息技术应用到设施农业生产经营过程中，提升了农产品的品质和安全水平，降低了农药、水肥投入成本，提高了蔬菜种植的经济效益。中国电信新疆分公司通过发挥社会责任感，以提供技术援助和资金投入的方式更换新的技术生产设备，一方面可以为脱贫攻坚成果巩固与乡村振兴有效衔接贡献自己的力量，另一方面可以借此扩大企业的影响力。同时，该模式可以在设施农业方面进行推广，但需要充分考虑应用成本的问题，需要积极探索应用开发成本较低的基础设施的投入及技术的支持，让新技术真正可以落实到土地上，让农民收获更多的经济效益，此外企业还需要不断提升满足生产流通的更多功能，例如对于农产品溯源系统的应用、农产品健康绿码的应用等。

8.1.3.3　降低农业生产成本投入

传统生产资料存在损耗，包括在使用过程中的磨损和不使用时由于自然力产生的损耗，特别在水资源匮乏的背景下，高效节水智能灌溉技术的使用可以有效节约水资源，进而减少农业生产成本。在农业生产过程中，大多数农产品的管理都需要大量的人工，一般人工成本较高。数据要素具有无损耗、可重复使用等属性，使用数据要素本身就是对生产成本的节省。利用大数据分析技术能合理利用生产资料，合理调配农业要素，机械化生产有利于人工成本的降低。农业无人机、农业机器人、农机自驾仪、遥感无人机、农业物联网等农业自动化设备解放了农民的双手，也让农业种植更加精准和智慧，机械的使用使得人工成本投入大大减少，而部分农村劳动力解放出来还可以再就业，实现多渠道增加收入。

8.1.4　存在问题

8.1.4.1　区域之间存在"数字鸿沟"

现阶段，新疆 5 个地州市各县市之间由于资金投入不平衡，导致"数字鸿沟"严重制约了数据要素在生产领域发挥效应，并且其已逐步发展为制约区域协同发展的关键阻力，其中，新疆各县市之间数字基础设施建设不均衡是加剧"数字鸿沟"问题的重要因素。例如：各县市之间数字基础设施投入能力存在差异，保障数字技术运用的网络建设能力差距也相当明显，除阿克苏地区其他 4 个地州市的农村网络覆盖率还未达到 100% 外，网络覆盖率也是基础设施建设中的重要指标。

8.1.4.2　操作平台和系统之间数据难以互通

数字基础设施配备的各类平台和系统的应用涉及各类生产数据的分析，但不同平台之间的信息不能实现平移，例如：喀什地区农业信息发展中心涉及 37 个信息平台，每个平台的信息只能直上直下地进行传达，不能实现数据信息的同时交流与融合，存在一定的"数字壁垒""数据烟囱"现象。通过与喀什地区农村信息中心的负责人座谈了解到，喀什地区 12 个县市对于农业信息的整合存在差异性，喀什市整合比较好，已经完成了 12 个平台的整合，其他县市的平台整合还不到位。从侧面反映了软件整合机制还未形成，造成数字基础设施软硬件不配套的情况。

8.1.4.3 数字基础设备采购标准不一致，影响维护

由于新疆当前农场的电网变压器未及时升级改造，导致数字基础设备对电力需求加大，各种跨区域联网、调度越来越多，一旦变压器故障不能及时诊断并修复，往往极易引起某一电网局部出现链式反应，甚至导致性能结构受到不可逆的影响，严重的可能造成电网系统大面积瘫痪。同一家单位采购的设备不是一个厂商生产的设备，标准不一致，维修还需要外地工程师解决，本地的技术服务人员不能提供维修服务，在一定程度上影响农业生产效率，最典型的是支持技术服务的一般都在地州市设置网点，甚至有的服务公司仅在库尔勒市或阿克苏市设置服务网点，严重影响了技术服务的时效性，影响数字机械设备的使用。

8.2 依托电子商务发展的数字化农产品流通模式

随着数据要素应用于农村经济发展中，给农村带来了电子商务、乡村旅游的全新的经济发展模式，驱动了农村的转型与重构。其中在新疆发展较为广泛的是电子商务数字化发展模式，该模式是基于订单或平台合作提供高品

质的生鲜农产品，主要是为了推动新疆农产品精细化、数字化改造，发展"数据要素+农业"的新型农业发展形态，例如智慧农业、数字农业，最终形成以新型农业发展形态为主的生产、流通基地，形成数字化、智能化的农村经济发展环境。

8.2.1　形成背景

随着互联网技术的发展和普及，电商渠道已经成为了连接农民和消费者的一座重要"桥梁"，而农产品电商渠道的出现为消费者提供了更加便捷的购买途径，同时也消除了信息不对称的问题。实现了农产品与更为广阔的市场实现对接，通过跨越小生产与大市场之间的交易鸿沟，有利于实现农产品跳出传统的市场收购、低价零售的方式，电商销售的方式可以实现交易双方的信息实时沟通交流，可以避免由寻找买家时间过长带来的农产品损耗问题，现有的农产品电子商务主要可以分为政府主导模式、农业企业自营平台和第三方交易平台，其中做得较好的是阿克苏地区，阿克苏地区充分发挥电子商务对消费的促进、创新引领、数字赋能作用，加快线上与线下深度融合，打造数字商务新优势，更是携手京东商城、苏宁易购、淘宝网等，不断提升本地电商供应链水平、运营能力，以电商赋能促进产业转型升级，助力乡村振兴。同时阿克苏发展农产品电子商务的模式是以政府为主导，农业自营企业和第三方交易平台共同发展的多元模式，同时"阿克苏模式"也实现了农产品销售渠道畅通、农产品销售效率提高、农产品品牌效益提升。

案例【5】
案例名称：阿克苏市电子商务产业园

阿克苏市电子商务产业园位于阿克苏商贸物流产业园内，由浙江省援疆指挥部出资 4000 万元建设，总建筑面积 15000 平方米，于 2019 年 3 月搬迁新址并使用。目前用于服务入驻电商企业面积 8000 平方米，是首个集商务、仓储、物流、培训、孵化等功能于一体的专业化园区，目前入园电商企业 57 家，2018 年销售交易额超过 4 亿元。

"独特"的电商人才培训模式。实施"蒲公英计划"，是挑选阿克苏本地创业大学生及相关人才赴杭州实训 1 个月，通过参观交流、项目实战、电商公司实习、与杭州同行交流学习等方式，逐步培养互联网思维模式，增长见识，再让学成学员回到阿克苏，像蒲公英一样发挥作用，带动周边人群抱团开展业务。

加强"产、学"研究，助推电商人才培养。自 2019 年 9 月以来，在阿克苏市商务局与杭州市援疆指挥部的指导下，积极与新疆理工学院、阿克苏职业技术学院对接，计划依托两所高校的学术、理论研究，在阿克苏电子商务产业园建立两所高校的电子商务专业校外实训、实操基地。通过建立电商企业、院校间的人才直接供求机制，为电商企业与院校搭建人才交流平台，将院校的生源引向企业，将电商企业的需求反馈到院校。

整合物流资源，建立三级配送体系。整合资源，优化流程。充分利用现有社会资源对市级仓储配送中心、乡镇物流周转仓和村级物流配送点进行整合，有效构建农村电商三级物流配送体系，解决自建过程中投入大、专业性不高等问题。

打造特色品牌，发展电商销售模式。依托"阿克苏礼物"公共品牌，重点发展阿克苏苹果、核桃、红枣等农特产品电商销售模式。

在杭州市援疆指挥部的培育和地、市两级商务局的指导下，2019 年 3 月阿克苏市电子商务产业园搬入新电商大楼后，结合杭州市援疆指挥部 4 个"电子商务+"（电子商务+脱贫攻坚、电子商务+创业创新、电子商务+十城百店、电子商务+人才培训）的模式进行运作，目前人气逐渐飙升，参观团队络绎不绝，平均日接待团队达 1.3 拨；并迎接了中央纪委、商务部、自治区和地区多批重要领导前来调研指导。2019 年，阿克苏地区电商成功被商务部列为"先进电商案例"。随着"互联网+"的不断发展壮大，阿克苏地区电商达到了 8770 家，2023 年第一季度实现网络交易额 7.7 亿元，同比增长 26%，其中农产品交易额 3.6 亿元，同比增长 16.1%。

案例来源：全国电子商务服务网、中新网新疆、调研资料整理。

案例点评：信息化、数字化的技术为农村经济新模式、新业态发展提供了史无前例的机遇，阿克苏地区利用"电商+产业"的发展方式赋能数据要素利用农产品流通销售，借助各类比赛或电商活动的形式，通过援疆省市资深电商导师开展的各类培训，综合利用"互联网+"的形式赋能农产品产业链横向纵向的延伸，以各种电商直播的方式对本地特色农产品进行重点突破宣传，实现农产品销售跨越式增长，增加农产品的附加值。

8.2.2　主要特点

8.2.2.1　农产品电商持续发力保持高涨态势

新疆针对农产品电商发展均提出相关扶持的政策文件，克州"三县一市"共建成 4 个巩固服务中心、172 个电商服务运营点；阿克苏地区更是投资 4000 万元建设电子商务产业园。农产品电子商务交易规模也呈现持续增长的趋势，根据阿克苏地区电子商务中心的数据，了解到 2023 年第一季度农产品网络交易额达 3.6 亿元；和田地区洛浦县也实现了当日首次农产品直播带货突破 47.74 万元。此外，农产品电商的发展也带动了新疆农民本地就业、收入的增长，巴州绿洲农场建立的"生产+销售"的模式直接带动 1039 户农户实现收入增长；巴州疆农哥电子商务有限公司帮助阿克苏地区的养殖户实现年营业额达 1 亿元。

8.2.2.2 生鲜农产品网络零售的模式呈现多样化趋势

在新疆，瓜果生鲜农产品是当地的特色，作为农产品中的一个重要品类，生鲜农产品的地位也与日俱增，特别是具有地标性的生鲜农产品在疆内外消费市场均占有一席之地，随着数字技术在农产品流通领域的运用，生鲜农产品的网络销售也加快了线上与线下融合发展的脚步，各类创新的新业态也如雨后春笋般地涌现出来，其中根据零售平台可以分为综合平台、垂直平台、O2O 类型、C2B 类型。综合平台代表的是克州依托的苏宁生鲜平台、喀什地区依托的京东生鲜平台，此类平台主要是依托已经构建的电商平台，只需要完善本地市场的冷藏保鲜的仓储网点。垂直平台代表的是各地州市均有合作的盒马鲜生，主要是在新疆建立自己的农产品基地，或者通过品控收购当地的农产品进行销售。O2O 类型代表的是巴州疆农哥电子商务有限公司这类新型企业，该类型是在疆内外建立线下仓储基地，满足特定区域内对生鲜农产品的消费。C2B 类型代表各县市通过抖音、快手等自媒体平台建立的区域公众品牌，例如：泽普县建立的金凤泽普区域品牌，直接通过"线上带货+线下援疆"县市体验的方式开展农产品生鲜零售。

8.2.2.3 农产品网络营销模式不断创新

在农产品流通和销售方面，数据要素的应用也为开辟新途径提供了可能。通过对农产品的流通和销售数据进行分析，可以更好地了解市场需求，从而提高农产品销售效率。此外，直播行业的兴起为农产品销售开创了新的营销模式，提高了消费者对农产品的了解和体验感。新疆想借助自身的民族文化优势，农民网红、政府网红等网络达人的涌现，使得直播销售农产品成为一种潮流，网络直播不仅让更多的人了解了新疆的风土人情，也为消费者对特色农产品有了全方位的了解，特别是一些农村网红更是直接在田间地头开直播，实现了消费者对农产品的生长环境、种植过程等情况的了解，也增强了消费者参与农产品购买的体验感。例如：阿克苏地区专门实施"蒲公英计划"培训专业网红为本地农产品带货；克州阿合奇县通过电商扶贫专场直播大赛的形式，让本地的沙棘、无花果等特色产品走出新疆，走向内地。

8.2.2.4　电商主播培养模式初步形成

直播助农活动让村里的年轻人变成了"新农人"，智能手机成了"新农具"，直播成了"新农活"，不少农民实实在在地感受到了直播助农带来的获得感和幸福感，越来越多的年轻农村经营主体对电商的兴趣与日俱增，且对电商培训的需求也如饥似渴，现有的地区电商服务中心均建立有电商主播、网红的培养模式。例如：阿克苏地区实施的"蒲公英计划"已经累计培养电商人才 4338 人，"阿克苏电商发展"也写进了电商培训的教材中。"蒲公英计划"是由阿克苏地区电子商务中心负责挑选本地的大学生或者从事直播行业的人员，先去杭州实训 1 个月，结业考试后返回阿克苏，然后像蒲公英一样发挥作用，带动周边的人群抱团开展直播业务。

8.2.3　取得效果

8.2.3.1　扩大了农产品的销售区域，提升整个农业的效益

数据要素应用与农产品流通领域，可以实现农产品跨越生产和消费的区域限制，完成新疆特色农产品在疆内外市场的对接，弱化疆内农产品生产与疆外市场销售的鸿沟，更有利于扩大新疆特色农产品的销售，使得农产品不再只依托传统市场的收购，农业生产的效益得到了大大的提升。此外，数据要素运用与农产品流通领域，可以满足消费者对新疆农产品的需求，使得餐桌上更加丰富。

8.2.3.2 降低了农产品流通成本，提高了整体的流通效率

电子商务的模式具有实时互动、及时沟通的强大优势，在交易过程中减少了寻求消费者的中间耗时环节，同时农产品电商渠道还可以降低农产品流通成本，提高流通效率。通过建立起高效的物流体系，可以保证农产品的鲜度，提高交易流通效率。这不仅可以提升农产品品质和区域品牌，还可以促进新产业、新业态的产生，拓宽农民就业渠道。农村电子商务的数字化发展打通了农产品特别是生鲜农产品的流通渠道，一些平台通过预售的方式实现生鲜农产品从田地到餐桌不超过48小时，保障了生鲜农产品的新鲜度，更有甚者通过建立"工业品下行"体系疏通流通渠道，实现产地的"最初一公里"到消费的"最后一公里"无缝衔接。其中的典型案例是克州依托西域传奇等电商企业，与京东商城、盒马鲜生、苏宁易购等平台已经建立了一套相对完整的流通体系，可以在很短的时间内将本地地标性农产品销往疆内外市场。

8.2.3.3 提升农产品品质，发展农产品区域品牌

新疆的地域民族特色优势明显，借助民族特色的独特优势可以实现不同地区的农产品品牌，要借助优势打造独特区域品牌优势，通过微信、直播和自媒体等多种网络销售模式可以帮助当地区域品牌的形成，例如："阿克苏礼物"（阿克苏地区）公共品牌的建立、"天门果缘"（克州）公共品牌的建立、"伽师新梅"公共品牌的建立等。此外，生产者也可以根据平台产生的交易数据，及时了解消费者的消费需求和产品喜爱偏好，优化下一阶段的生产决策。借助数字技术发展农村电子商务实现了农产品的质量保障，为了适应消费者需求，生产者在生产期间就将农产品质量、食品安全通过平台进行生产设定，通过精准化的生产管理保证了农产品达到统一的销售标准，有利于农产品在品质上拔得头筹。

8.2.3.4　有利于实现农村经济发展

数据要素运用带动农产品电商发展，农产品电商发展带来的是农产品加工、物流快递行业、农旅结合等相关行业的融合发展，最重要的是，农产品电商渠道的出现加速了农村一二三产业融合，推动农村经济升级改造。通过电商渠道的拓展，可以将农产品与其他产业进行深度融合，实现产业链的延伸和扩展，进一步推动农村经济发展的升级和转型。

8.2.4　存在问题

8.2.4.1　农产品电商人才缺乏

虽然直播行业发展迅猛，农民网红数量也不断增加，但是农民网红的综合能力不强，对直播行业的营销方式还存在简单的模仿，没有形成自己的特色，而且从宏观层面指导电子商务带动区域经济发展的管理型人才更是凤毛麟角。例如：随着"网红县长"贺娇龙的走红，新疆各县市也开启网红天团模式，但是仅靠极少数人的带动还不够，这就反映了农产品电商人才相对缺乏，同时现有的农村网红达人的社会影响力还需要进一步提升。

8.2.4.2　农产品线下服务链条还不完善

现有的特色农产品电商销售的多为生鲜，具有易腐败、运输时间受限的特征，新疆远离内地市场，运输时间长，所以对农产品运输物流体系的要求也不断提高，如何实现质检、分级、保鲜等线下保障服务链条建设还不完善，虽然在内地也建有一定的仓储，但远远不足以支撑线上发展的需求，特别是新疆生鲜农产品的线下服务体验还不到位。

8.2.4.3　农产品电商上下游产业协同性还不强

由于农户是理性的"经济人"，存在一定的投机性，而投机心理与农产品电商平台的发展之间存在信息不对称的问题，反映的现实情况就是农产品电商与种植基地采取的定向收购方式，而其中的合作社发挥作用不明显，更多的作用是小规模种植提供，合作社由于自身原因发展受限，长此以往，在农产品电商发展过程中存在缺乏上下游联动的机制。例如：巴州绿洲农场是直接与和什力克乡政府签订合作协议，直接作用于 1039 户农户，其中缺乏相关的合作社联动。

8.3 依托"数字技术+社会化服务"的农业生产服务模式

8.3.1 形成背景

随着土地进行高标准农田改造建设的完成，智慧化生产也进入大田建设当中，与此同时，由于小农户投入生产的资金多数用于购买周期性生产资料，无法一步实现数字农业机械化的配备，故催生出部分合作社提高数字机械服务模式，该模式是为了满足部分农户开展数字农机生产活动，包括无人机打药、北斗定位播种、无人平地服务等。

8.3.2 主要特点

农业大数据的应用是非常广泛的。在农业生产的各个环节中，利用农业大数据可以更加精确地制订作业计划，选择最优的农作物品种和生长方式，合理施肥和喷洒农药等。同时，农业大数据也可以帮助农民更好地适应气候变化和自然灾害的影响，保障农业生产的安全和稳定。而大数据在智慧农业方面的运用也是数据要素应用于农业生产的重要体现，主要是以数据驱动精准农业的操作，通过大数据对作物进行生长预测、农业环境的监测、农产品市场的预测等。借助大数据，数据本身的价值以有效分析的形式展现，帮助经营主体做出科学有效的决策。例如：阿克苏地区沙雅县农机合作社利用设备更新换代，结合设备自带的大数据平台，可以有效实时监测播种、施肥等情况，通过实时监控、适时调节，增加生产效率，节约生产成本，解放了双手。同时依托数字技术服务，可以帮助一些普通农户体验数字技术带来的便捷，有利于提高普通农户对数字技术改造的接收程度。

案例【6】

案例名称：走进沙雅农机合作社——智慧农业的动能从哪里来

作为产棉大县，沙雅县按照"农田整改到位、灌排设施配套、田间道路畅通、农田林网健全、生产方式先进、产出效益较高"的要求，建成高标准农田 125 万亩，智慧化作业已经深入棉花生产的各个环节。

随着国家农机购置补贴政策的实施，沙雅县不少农户早些年就开始购置农机，在满足自家耕种的同时，一些大户开始承担对外作业。2009 年，马邦恒牵头与 5 位村民带着农机具成立了沙雅富民农机专业合作社，新购置的精量播种机，成为合作社最好的广告，成立当年就有 6000 亩地的播种作业找上门。2013 年，合作社被评为全疆机采棉推广示范点，2016 年被农业部评为全国农机合作社示范社。

精量播种、随速施肥、按需喷药、高效率采棉、科学用工，节本减法换来收入加法。马邦恒说："现在，农业越来越智慧，原来的农机播种一次会撒下四五粒种子，长苗后还需要人工去掉多余的苗。精量播种机一次只播 1 粒，1 亩地能节约 3 公斤种子，还可节省每亩 15 元的提苗人工费。"

2022 年，合作社新购置的农家肥抛撒机、精量随速撒肥机成了种地主角。"这两台机械可以标定抛撒肥料的宽幅、抛撒量，还会根据车速自动调节，效率更高、抛撒更均匀，500 亩地原来 1 天完成，现在压缩到了 4 个小时，操作起来也更轻松。"马邦恒说。

合作社有 56 台机械，却只有 23 名驾驶员，农机驾驶员一般身兼多职。喷药机驾驶员陈万庆将土地流转后来到合作社工作，主业是驾驶采棉机，月薪 6 万元。每年采棉季只有两个月，其他时间他还能驾驶喷药机、卫星平地机，每年工作 9 个月，收入 20 多万元，还有 2 万元的年终奖。

在沙雅县，这样的农机合作社一共有 78 家，配备大中型拖拉机 599 台，配套农机具 1561 台，总资产达 5.67 亿元，提供全程农机社会化服务。

现代化农机装备和高标准农田相适应的机械化生产是发展智慧农业的基础，沙雅县将继续培育壮大农机专业合作社等新型服务组织，通过建立"覆盖全程、服务全面，机制灵活、运转高效，综合配套、保障有力"的新型农机社会化服务体系，加快推动智慧农业发展。

资料来源：《新疆日报》。

案例点评：基础设施完善是推动数据要素利用农村经济发展的重要动能，新型智慧农机的使用可以有效地做到农业生产过程中的技术保障，在大多数农户因为缺乏资金无法更新换代新型智慧农业的情况下，农机合作社通过更换为符合数字农业需求的智慧农机，提升了本地农机合作社社会化服务的基础条件，也有利于因无法更换新型智慧农机的农户实现高效农业生产，节约生产投入的人工费用，同时也有效地节约了生产时间，大大减少了农业种植的生产投入成本。

8.3.3　取得成效

现代化农机装备和高标准农田相适应的机械化生产是发展智慧农业的基础，随着数字化时代的到来，农业也迎来了智能化、数字化的发展时期。为了推动智慧农业的发展，建立新型农机社会化服务体系是非常关键的一步。通过这种方式，可以实现农业生产的自动化、智能化，提高农业生产效率和质量。

8.3.4　存在问题

8.3.4.1　资金投入较大导致部分合作社积极性低

合作社需要更换数字机械设备，其中资金投入较大，虽然有相应的农机补贴，但是补贴后仍需要自己支出一大部分资金，故有些合作社不愿再次投资用于设备的更新换代，甚至有些县市对购买具有定位功能或者智能化操作的农机购买申请补贴把控较严，审批程序相对繁琐，大大降低了个别合作社更换新设备的积极性，还有由于相关的宣传不到位，一些农机合作社不知道购买数字农机的补贴政策，还有部分合作社进行金融贷款受限，严重影响了机械更新换代的进度。

8.3.4.2　对土地要求高

这种数字农业机械服务一般适用于农田进行高标准改造后的大田土地，目前，新疆大部分地区还是林果间作的模式，数字机械服务还不能完全服务于这些区域，具有一定的局限性。在新疆的农业发展过程中，随着对林果产业的规范化管理，定期做好林果的修剪，保障农田的树下作物的透光度。基于此，未来数字农业机械需要根据新疆现有的林果兼做的模式进行改善，避免出现因需要大面积土地造成砍伐林果的现象出现。

8.4 依托"互联网+乡村旅游"的产业融合模式

8.4.1 形成背景

除了农业生产的数字化升级，乡村旅游也是受益者之一。通过采用"互联网+乡村旅游"的模式，可以将农业观光、休闲、度假和体验等相关内容拓展至更广泛的人群中，进一步促进农村经济发展。主要是借助数据要素应用于乡村旅游，实现价格对等、升级配套服务设施、提升管理服务能力的目的。此外，现在乡村旅游的发展模式较为单一，特别是乡村旅游的宣传模式过于简单，目标客户不能精准地进行数据筛选，造成信息不对称的情况出现，更有甚者，消费者对乡村旅游的需求不断提升，传统的农村旅游发展方式的服务水平较低。

8.4.2 主要特点

8.4.2.1 核心内容更加多元

随着乡村旅游进入田园综合体多维体验的模式，使得乡村旅游的核心内容更加多元，由单一的农家乐体验到多场景的综合体验。例如：喀什市"稻香泉村"体验农业的发展模式，伽师县西梅小镇文化商业街、疏附县红色文旅等使得乡村旅游借助自然、人文资源形成多元的旅游模式的结合。

8.4.2.2 内容更加丰富

"互联网+乡村旅游"的内容也根据消费者喜好呈现丰富多彩的趋势，

"互联网+乡村旅游"是数字化时代农村经济发展的重要方向之一。我们应该积极探索、创新,加强数字技术与农业、乡村旅游的融合,推动农村经济的转型升级,实现乡村振兴的目标。例如:和田地区的玫瑰风情园、叶城县的石榴风情园,更是将农业与企业拓展、婚恋产业相融合,拓宽了城乡居民的休闲度假的方式,通过延伸农业产业链,实现了第一产业和第三产业的融合,更有利于繁荣农村经济社会。

案例【7】

案例名称:喀什地区"互联网+农旅"的新模式

　　喀什市帕哈太克里乡被称为"喀什绿洲明珠水乡",不仅以盛产水稻而闻名,更因两代国家领导人的亲笔回信而备受世人关注。通过聆听讲解员讲述室内陈列的文字信件、图片、文物资料背后感人肺腑的党史故事,引导大家从中领悟中国共产党带领人民筚路蓝缕、艰苦奋斗,开辟中国特色社会主义道路,创造人类发展史上的伟大壮举,给大家以知识的汲取、心灵的震撼、精神的激励、思想的启迪。该村根据现有的红色旅游资源进行开发,结合水稻产业的发展,形成"红色文化+农业+乡村旅游"的模式,按照四季二十四节气设置不同季节的旅游体验项目,吸引了许多外地回乡创业的网红,通过自媒体平台宣传本地的旅游资源以及特色农产品,形成线上、线下共同打造旅游特色品牌。

　　疏附县托克扎克镇阿亚格曼干村借助红色旅游发展模式,建造特色商业街,引来特色餐饮、旅游商品等资源,大力发展红色旅游产业+特色旅游产业,自 2022 年以来,红色教育基地、千米文化长廊共接待访客 423 批 13605 人,带动附近农户开办特色餐饮摊位就近就业,阿亚格曼干村利用抖音号和微信公众号来宣传红色旅游资源,同时实现了网络覆盖和电子支付。

伽师县英买里乡西梅小镇，以"西游记"为主题的文化商业街，一个商铺的名称为一个西游记里面的人物或者地点，例如物流中心为筋斗云、超市为月光宝盒、化妆品店为玉兔公主、牛羊肉专卖店为牛魔王，根据实际的用途引用相符合的人名或者物名。该商业街超市中分为日用品区和直播带货区，专门有 20 平方米用于本地特色产品的直播展示，根据该乡乡长介绍，该村有专门的数字公众号、抖音号，定期将本乡的新梅种植的情况通过公众号进行展示，将农业生产、产品展示、产品销售方式等多方式通过数字公众号的形式展示给其他人员，切实将农业、文化和数字新媒体相融合。

案例来源：调研整理所得。

8.4.3 存在问题

8.4.3.1 区域内产品同质化严重

大部分"互联网+乡村旅游"的发展模式都存在异曲同工之处，对产品差异性的挖掘还不深入，存在一定的"羊群效应"，受季节影响较大，不能有效地延长乡村旅游的时间，未能从自身发展需求出发，不能很好地借助自身优势实现全面发展，此外多地的乡村旅游存在业务单一的情况，例如鲜果采摘体验、牲畜认养等，如何进行多样化拓展就是努力的方向，此外破解由季节性导致收入波动的商业模式的建立也是发展的难点。

8.4.3.2 运营模式还不成熟

在"互联网+"的应用背景下，新疆乡村旅游的运营体系还不完善，且宣传力度远不如城市的一些娱乐项目，且经营渠道也多采用现场售卖本地产品为主，没有形成自己的特色，同时只有一些区域虽然引流了一些社会精英回乡创业，挖掘乡村旅游潜力，但是配套的"线上线下"互动营销、精准营销还不完善，还需要借助直播、微商、团购等线上平台做好宣传，同时开通线上服务运维系统。例如：喀什市"稻香泉村"虽然有一些创客达人来到该地创业，但是这类创客达人只是在自己的人脉圈里营销，没有其他的营销模式，对该地开展的一些文旅活动也没有相关的平台宣传，特别是需要一些地方建立公共的营销账号。

8.4.3.3　乡村旅游缺乏专业人才

在新疆缺乏互联网、农业旅游管理的专业技术人才的情况下，乡村旅游行业的人员大多为当地农民进行简单培训后上岗，农民在未受过专业训练的情况下，缺乏完善的互联网应用技术与知识，再加上相关的专业人才补充不到位，对于新时期乡村旅游和互联网融合推进发展来说，人才的短缺是阻碍融合发展最大的短板，专业的人才可以提供更好的服务，此外乡村旅游与互联网的融合中比较突出的矛盾还有借助数字技术提供的服务和设备更新换代不匹配，乡村旅游提供的服务与消费者需求直接存在着供需矛盾的问题，也都是制约新疆实现"互联网+乡村旅游"融合发展的痛点、短板。

8.5　依托政企合作的数字信息平台共享模式

依托政企合作的数字信息平台共享模式主要是由政府主导、企业参与、农户收益的模式，新疆通常采用的模式，穿插在农产经济发展的各个领域。其中典型的是喀什地区农业信息中心对平台的整合。喀什地区农业信息中心将原有的 37 个平台进行整合，包括生产、供应链等阶段，同时由提供给不同主体（农民、企业、专家等）相关账号，可以根据权限获得农业生产的基础数据，更有利于不同主体之间实现完美的融合。事实证明，在借助数据平台发展高水平数据要素的应用分析，可以实现数字农业发展的新模式，进而形成一个符合本地发展需求的数据生态系统，需要注意的是，在建立农业数据贡献平台时需要涉农部门的通力合作，而各部门的数据共享促使农村经济发展政策更加科学，进而在合作共赢的基础上更好地实现农村经济发展更加精准、更加智能。目前，该项功能还存在一定的弊端，主要是不同主体之间不能及时沟通，存在一定的"数据壁垒"，迫切需要解决的是借鉴区块链技术实现不同主体之间数据共享度更高。此外，中国电信公司在新疆各县市投资，与当地政府合作建立设施农业示范基地，将原有的农业生产模式变成"智慧化"生产模式，实现政府、企业、农户三方数据的分享整合，提高农业生产效率。政府主导的政企合作模式在政府公信力的保障前提下实现了整体数据资源的合理配置，特别是通过相互合作能进一步提升政府、企业之间的数据进行交换，能进一步实现农业生产效率的提升。

案例【8】

案例名称：喀什地区农业信息中心整合农村经济发展平台促进产业发展

通过与喀什地区农业农村信息中心的负责人吐尔逊·买图迪的交流，了解了全地区的农业数字技术的运用，全地区有 37 个系统平台，其中供应链平台可以从企业、个人、农户三个主体了解全地区当季的主要农产品种植品种、种植规模、上市时间等。另外，其他平台均为政府的信息采集，其中 12 个平台是本地研发，25 个平台是上级推送的，根据地区不同，相应的平台权限也有限，大数据中心的数据库未与农业信息中心的平台数据进行平移，同时大数据中心数据库中涉及较多的基础数据的收集和分析，但存在大数据中心和农业信息中心的数据不一致的情况。据农业农村信息中心负责人说，地区平台之间的数据也不能进行平移，数据之间可能会存在一定的差异性。农业农村信息中心一共配有 8 人（其中 1 人为计算机科学专业的研究生），大数据中心配有 6 人（其中 2 人为技术及科学专业本科生）。

资料来源：调研资料整理。

8.6　依托数字化产业带动农业产业发展模式

依托数字化产业带动农业产业发展模式在新疆案例较少，其中典型的为阿克苏地区柯坪县将无人机制造引入农业产业园，可以实现将技术运用与农业产业发展有机融合起来，为农业发展提供技术、设备、数字人才等基础保障，需要注意的是，单一地引入无人机制造企业，以制造业带动整体经济发展具有很大的意义，但是需要进一步打造数字技术与农业生产相融合的应用生产基地，便于推广应用于本县农业特色产业。此类模式是以数字产业发展融合其他产业发展进行的，但是其中存在的最主要的问题仍然是资金投入持续性的问题，虽然数字产业可以帮助农业产业快速发展，但是不能忽视数字产业对农业产业带来的负的溢出效应，例如：柯坪县三和无人机制造拼接需要更多的劳动力，懂简单技术的农村劳动力会进行转移就业，导致农村懂技术的人员不从事农业，造成人才流失，形成由农业数字化带来的负向的外部效应。

案例【9】

案例名称：柯坪无人机蓄势待"飞"

新疆柯坪县阿恰勒镇工业园区的新疆三和无人机研究院有限公司内，工人们正紧张有序地调试无人机设备，为投产运行做好前期准备。

科技是第一生产力，创新是第一动力。柯坪县立足实际，依托农业产业园区交通便利的优势，坚持"筑巢引凤"和"引凤筑巢"相结合，不断优化营商环境，大力引进优质科技创新企业，不断提高全县科技创新水平，推动乡村振兴，助力经济高质量发展。作为柯坪县首个引进的先进制造、科技创新企业的新疆三和无人机研究院有限公司，也进入了投产运行倒计时。

新疆三和无人机研究院有限公司于 2022 年 4 月注册成立，是由柯坪县委、县政府和山西三和云科技有限公司共同策划，联合多方共同投资创办的一家公司，公司总投资 4000 万元，占地面积 60 亩。

新疆三和无人机研究院有限公司立足柯坪，面向全疆，致力于构建优质高效的服务业新体系，推动现代服务业同先进制造业、现代农业深度融合，重点聚焦农业无人机、行业无人机、无人机人才培养、青少年航空教育等方面，推动新疆区域应急消防、农林业种植、建筑行业、巡检体系等领域的产业效率提升。

新疆三和无人机研究院有限公司将加快建设进度，尽快进入生产环节，依托当地各项优惠政策，不断加大企业的建设力度，加快占领核心技术高地，不断推动科技创新发展，带动科技产业升级，加快科技成果转化的职责使命。同时，我们将积极行动，力争实现每年为新疆培养 2000 名专业无人机应用人才的目标，通过科技产业带动群众增收致富，为柯坪县经济高质量发展贡献科技力量，提供人才支撑。

新疆三和无人机研究院有限公司将于 2023 年 4 月正式投产运行，投入运营后，每年可生产 2000 余架无人机，为社会输送无人机专业人才 2000 余人，预计将带动 500 余人就业，产值约 2 亿元。

资料来源：《中国县域经济报》。

案例点评：柯坪县将无人机制造引入农业产业园，可以实现将技术运用与农业产业发展有机融合起来，为农业发展提供技术、设备、数字人才等的基础保障，需要注意的是，单一地引入无人机制造企业，以制造业带动整体经济发展具有很大的意义，但是需要进一步打造数字技术与农业生产相融合的应用生产基地，便于推广应用于本县农业特色产业。

8.7　本章小结

本章根据调研的典型案例进行分析和归纳总结，根据新疆数据要素应用的六种模式的形成背景、主要特点、取得成效和存在问题进行阐述，但未来新疆数据要素应用对农村经济发展的影响的经典案例还远不止这些，此外对于数据要素应用对农村经济发展模式选择中共同存在的人才、技术等短缺问题也日益突出，是需要持续重点研究关注的问题，同时在未来数据要素应用于农村经济发展仍需要建立统一的数据要素平台，这样有利于数据的整合，同时提升整体的数据资源转换为数据要素的能力水平。

第9章　数据要素驱动农村经济
发展的对策与展望

根据前文的分析结果，结合新疆42个县市数据要素驱动农村经济发展的实证分析、模式分析，本章就促进数据要素驱动农村经济发展的措施和政策方面进行阐述。

9.1　数据要素驱动新疆农村经济发展的政策保障

9.1.1　数据要素应用的制度保障

首先，完善数据安全的相关制度。不管是哪种类型的数据信息，都需要明确相关涉农企业的法人或者政府机关相关负责人的责任，确保数据资源的合法性，更重要的是确定数据资源的权属问题，同时还要保障数据资源载体的安全性，从根本上解决数字载体（平台、系统、计算机等）存在的法律漏洞，这类问题最简单有效的措施就是加大对相关技术的监管，尤其要对网络信息安全问题进行重点关注，完善现有的网络信息监管，不仅需要根据具体情况设置特定的、具有针对性的措施，还需要加强对隐私数据、生物数据的保护。例如：一些农业平台需要扫描指纹进行平台登录，这些指纹信息就在后台收集储存，故存在一定的安全风险。要对法律责任进行界定，加强监督，运用有关法律法规，加强对网络犯罪、欺诈行为的查处，加强发现网络漏洞建设，构建数据要素应用的法治环境。此外，还要加强农业农村数字经济法律法规建设，降低网络存在的各类风险，确保数字法律法规体系的健全。

其次，要加强各个数字农业平台之间的合作，强化平台责任意识，从法律和技术双重角度加大数字农业内容安全监管。当前新疆各县市的法治建设与利用数据要素需要还存在着很大的差距，缺少相应的法律法规来保证和推动数据要素的利用，尤其是在推进农村数据要素利用方面更加重要。

最后，疏通数据交流、交换渠道，由于在新疆大部分的数据资源是由政府掌握，可以尝试建立一种与数字农业相关部门之间的联席会议制度，定期或者不定期地对一些具有创新性政策或者在政策执行中的各类问题进行沟通交流，避免某个部门在政策制定、实施过程中由视野局限导致政策的"不通"，充分发挥多部门参与的衔接性和互补性，既要打破各部门之间的信息壁垒，又要确保数据信息安全，打通党委农办、环保局、自然资源局、农业农村局等行业部门进行涉农产业的数据信息交流渠道，努力实现涉农企业高质量发展和农民收入水平提高。

9.1.2 数据要素应用的政策支持

政策支持数据要素应用的基础保障。第一，需要加强数据基础制度体系建设，消除阻碍数据要素跨部门、跨平台、跨地区流通的壁垒，完善政务数据开放共享与安全保障的管理制度，推动水利、土地、农业产业结构等高价值政务数据在政府部门、企业和其他经营主体之间，推动实现高价值数据在政府与企业、经营主体之间共享使用，充分释放其社会价值。第二，发挥大数据局（中心）的作用政策引导作用，对现有的平台进行整合，建立健全管理制度，结合实际建立联通传统农业物联网综合应用服务平台与大数据应用平台的机制，切实做好农业数据服务，加强数据流通与共享机制，为实现数据要素作为生产要素提供载体。第三，健全反垄断规则制度以推动数据跨平台互通互用。通过建立以科技为支撑的政府引导、企业运营的参与机制，鼓励更多的企业与投资商参与到数据要素应用于农村经济发展中，引入市场竞争，倡导市场化经营，提高农业产业化龙头企业的市场竞争力，更好地推动农业从生产、销售等环节实现质的飞跃。第四，完善数据安全治理框架，筑牢数据安全防线。完善数据安全流通技术体系并推动其落地应用，提高包含数据安全风险评估、监测预警和应急处理等在内的多环节数据安全治理能力，为统一数据要素大市场的稳步建设筑牢安全防线。在数据保护方面，尤其是农业数据及数字金融数据方面，农业是国家民生的根本，必须确保高科技农业相关数据的安全性。"数字农业""智慧农业"的发展均离不开国家的政策支持和资金的援助，新疆政府部门更需要结合实际情况对数据要素利用的农村经济发展项目进行宏观指导、统一规划，制定出符合本地特色的政策支持。

9.1.3 发挥基层党组织作用

地方政府要发挥基层党组织作用，率先实现数字化思维理念的转变。也要做好体制供给，以推动数字经济的发展。各级政府要对此进行全程监控，及时了解本地农村经济发展过程中数据要素应用情况，并结合本地的资源禀赋特征、涉农项目建设情况，特别是在农产品生产、流通方面，建立健全一套相对符合本地数据要素应用的政策，并提出相应的优惠措施，为数据要素驱动本地农村经济发展提供制度保障。与此同时，要通过协调各级政府机构，对其进行必要的物力、财力等方面支持，对其进行指导和促进。市场监督部门要做好农村市场数据要素应用的监督，按照相关制度做好数据要素应用在农村发展的监督检查。这是一种以制度为基础的政府和市场之间的联系。要尊重市场经济的根本法则，特别是要遵循数字经济发展的特殊规律，尽快出台相关监督考核机制、管理办法等一系列规章制度，切实发挥好基层党组织在农村经济发展中的重要作用。此外，基层政府还需要加强对高质量数据的收集，逐步提升基层组织对数据资源转化为数据要素的转化能力，建立健全转化制度，强化基层组织对数据要素的应用水平，借助数据分析稳步提升基层组织对农村、农业、农民的管理服务水平。

9.1.4　建立数据要素应用的区域一体化推进制度

新疆内数据要素应用协同发展能有效弥补因数据要素应用不均衡带来的"数字鸿沟"问题。第一，从制度层面建立协同联动的机制，打破新疆各县市之间的政策壁垒，实现数据要素在新疆各县市之间自由流动，在充分考量新疆各县市数据要素应用的差异性的前提下，积极发挥宏观调控作用，实现数据要素在新疆内部县市之间实现有效的数据资源供给。破除市场约束机制，推动区域内数据交易中心的建设，不断提升区域内的算力水平，建立统一的数字基础设施运维体系，减少地区内设备维护成本。建立统一的人才流通制度，数字人才可以在新疆各县市进行人才认证后实现跨县市调动或者跨县市开展技术指导或服务。第二，优化农村经济发展的产业结构，实现区域内的农业产业链优势互补，促进新疆内实现数字产业融合发展。发挥区域内各县市的资源禀赋优势，吸引上下游产业形成集聚效应，进而形成优势互补、良性发展的区域发展格局。同时加强新疆数字农业配套体制建设，通过搭建涉农产业数字平台、产业对接机制，进一步加强同类涉农企业的相互依赖性，另外，通过打通农业与二三产业的融合机制，实现一二三全产业链的融合发展。

9.2 数据要素驱动新疆农村经济发展的措施

9.2.1 加大对数字基础设施的投入

建立与完善数据存储、流通、共享、智能化应用的软件、硬件设施是数据要素驱动农村经济发展最先需要解决的问题。第一，加强硬件设施投入。新疆农业数据化基础设施建设整体水平较低，目前对数据化的认识还停留在上网、报数据的层面，对数字农业在农业生产、管理、服务中的应用意义缺乏足够的认识，造成在实际应用中对数据化的支持力度不够，推广力度不大，通过提高硬件设备的适用面，增加信息化基础设施建设资金投入，稳步提升新疆整体数据要素应用的硬件保障。第二，加强软件设施的投入。首当其冲的是需要建设智能化、可视化"三农"工作指挥平台，完善地区内农业指挥视频调度系统。加快开发农业购销存系统、农村土地承包经营权信息应用系统、农产品质量安全追溯系统、农机监理、农产品市场数据监测统计系统等业务管理系统建设，提高政府部门行政管理效率及对农业、农村、农民数据的整合。第三，做好基层传统设施的维护升级。农村水电问题智能化推进工作任务依然严峻，数字机械使用的前提是基础设施已经完成更新换代，对土地整合进行高标准农田改造，故需要设置专项资金对传统的地、水、电等农业生产需要的基础环境进行升级改造，切实保障数字技术能高效使用。第四，运营商有针对性地推进 5G 基站的建设，可以尝试对一些电商平台或者数字农业发展较好的区域有序推进 5G 网络逐步覆盖，建立示范体验点，将最新的技术服务与农产品流通融合起来。此外，还需要提供一些更加便捷的服务场所、配套相关的服务人员，以供农村各类经营主体体验感受，在效果好的前提下做到全面推广。这些努力的最终目的是实现普通农户不出村、新型农业经营主体不出户就可享受便捷高效的数字技术服务。这将有利于提高农村信息化水平，促进农业现代化，提高农民的生活质量和经济收益。

9.2.2　加快数据要素与农业生产融合发展

数字农业的发展可以提高农业生产效率和品质，帮助农民实现更好的农业收益，进而推动农村经济发展。第一，建立丰富数字资金投入机制，目前数字农业发展的投入成本均较高，一般的新型农村经营主体或普通农户还无力承担这部分费用，可以采取多种方式鼓励社会资本的投入，例如：贷款贴息、以奖代补、先建后补等。第二，加强数字农业建设水平。数字农业通过利用现代科技手段，例如互联网、大数据、人工智能等，对农业生产全过程进行优化和监测，实现精细化农业管理和决策。故需要借助数字农业解决农业生产问题，需要引进相对高水平的数字农业技术应用于数字农业，避免出现五花八门的数字技术保障。同时要完善数字农业技术的应用范围，既要做到气候监测、生物监测、生长监测，还需要做好生态监测，做好整个农业生产体系高效、环保。第三，做好数字技术保障。数字技术是数据要素应用于农业生产的技术保障，需要配备专业的技术人员做好技术指导，切实解决生产中的数字技术问题，此外还需要引进符合本地实际的数字技术，例如：新疆特殊天气比较频繁，就需要引进相关的数字技术对天气变化提前感知，然后反馈给生产者，帮助生产者提早做好应对措施。此外，通过提高数字技术保障，提高数字基础设施的平稳运行，以技术手段提高农业生产效率。第四，借助数据要素应用打通农业生产的产业链建设渠道。构建一套集产前、产中、产后各个环节于一体的数据分析系统，将整个产业的数据进行整合配置，做到延伸产业链、补齐产业链、强化产业链，促进农村经济高质量发展。第五，持续推进乡村一二三产业融合，构建多元产业协同发展模式，因地制宜开发乡村特色文化产业、服务业、旅游业等精品路线，发展创意农业、休闲农业、观光农业，兼顾生产事业活动性与生态环境相容性，让利用数据要素在农业生产领域发挥作用。

9.2.3 加快数据要素与农产品流通融合发展

数据要素与农产品流通融合发展的具体体现就是电子商务的应用，实现农业经营主体电商快速发展，主要采取以下措施：第一，做好数字农业和农村电子商务相融合，随着科技的不断发展，数字农业和农村电子商务已经成为了农业发展的一个重要方向，建立数字农业农村电子商务创新中心，致力于攻克农产品生产、加工、储存、销售全过程的技术难题。第二，围绕消费者偏好，建设农村电子商务数字化处理平台，重点突破农产品销售数据挖掘与智能诊断、大数据智能处理与分析。以消费者自身需求为出发点，通过一系列数据分析技术，对海量数据进行分析、处理和整合，精准把握消费者的购买偏好、消费习惯等信息，准确划分各种消费者类型。生产经营主体应用大数据技术辅助企业管理和分析数据，有利于农产品针对具体消费者进行电商销售。第三，围绕冷链物流运输，重点研发相关性大数据技术。将现有物流硬件与数据技术进行连接，实时更新信息，并对信息进行挖掘，有效地对每个环节进行监管，提高物流效率，从而促进农产品电子商务发展。此外还需提升农产品冷链物流基础设施能力，这必然要有相应的技术支撑，如仓储设备和保鲜技术，以及仓库内的自动分拣技术。减少和防止个体农户对农产品供需的误判，需要完善农产品冷链数据平台，将生产信息、全程温控跟踪及产品查询融为一体，通过数据平台对数据进行整理和收集，为农户提供信息服务，减少生产链中不必要的生产商和环节，降低农业生产成本，增加农民收益。第四，做好农村电子商务运营人才的培养，尤其是直播人才的培养。借助"阿克苏模式"将电商直播人员的培养方式进行深化改造，培养符合新疆需求的电商直播人员，同时加强与援疆省市的交流，借助疆外先进的模式培养农村电子商务的管理运营人才，帮助农村电子商务实现良好发展。第五，需要拓展以电商平台、社交网络为核心的多元数字流通渠道，形成政府牵头、企业主导、农民参与的乡村电商发展模式，推动乡村电商企业的质量升级与规模化运营，以差异化战略打造规模化、标准化的农村电商品牌。

9.2.4 强化对数字人才的培育

人才是农业的根本力量，数字农业技术人员专业技能达不到工作要求，专业技术人员无法满足发展需要等问题突出。特别是在数字农业的需求下、在新一代数据要素革命背景下，数字技术与农业资源、农业产业和农业管理的深度融合，农业数据综合跨界人才团队的培养与引进是促进新疆数字农业发展的关键。第一，落实培训制度，培养本地人才。加强对数字农业人才团队建设的投入，建立健全初中级的农业技术员对数字农业技术的掌握，引导对新型农业管理方式的认可，加强对技术人员培训、学习、管理，在"技术+经验"的引导下稳步提升农业技术人员服务能力。第二，拓宽引人招聘渠道，引进专业人才。积极挖掘疆内外高精尖专业人才资源，加强对紧缺型人才的引进力度，此外，一些县市可以根据自身优势与疆内外高校或研究机构建立一套"当地政府出资、院校培养人才，然后返回当地"的人才培养模式。发挥援疆省市的优势，在毕业季时吸引一批愿意服务边疆的有志青年。第三，政府设置一些与农业数字化相关的岗位，有针对性地引进数字农业技术人才，完善数字农业人才的激励机制和晋升通道，如优先就医、灵活工作、提高待遇等，让数字化农业人才扎根农业、服务农业，使人才学有所用、学有所得。打破单一人才评价标准，坚持以科技研究成果贡献和综合实践能力为导向的人才评价机制，坚守"人才不问出处"的原则，激发人才的创新创造能力，为数字经济促进农业现代化提供人才支撑。

9.2.5　加强数字服务体系建设

第一，加强数字培训服务。政府应着眼于向农民提供与农业数字化生产相关的数字培训服务，通过数字化相关培训转变农民的传统生产观念；提高农民组织能力，着力培育家庭农场、农民合作社等新型经营主体，以优质典型为中心发挥示范效应，吸引更多小农户参与；鼓励有想法、有能力的返乡青年积极投身农业新业态、新产业建设，聚焦内部主体动员，激活乡村内生人力资源效能；健全农业政策帮扶机制，配合科学的人才引进策略，形成以外促内、内外一体的农业生产人才体系，为农村产业振兴提供智力支撑。第二，形成合作社数字技术服务的合力。随着数字技术的不断发展、农业数字化应用领域的不断拓宽，农户对智能农机和数字化基础设施的需求日益强烈，但是数字化基础设施价格昂贵，普通农户无力承担。为了解决这一突出问题，农户可以农业合作社联保的形式搭建数字化基础设施，帮助普通农户享受数字技术带来的便利。第三，提升数字金融服务水平。适当增加农村普惠金融用于发展数字农业的范围，同时改变传统的金融服务模式，将数字普惠金融的概念引入新疆，在一定程度上能够缓解部分小农户由于无效抵押而产生的"贷款难"问题。

9.2.6 持续完善数据要素应用平台功能

现有的数据要素应用平台的功能大部分只能实现可视化的变动，但是对于一些日常分析的导入导出功能还不完善，此外相关的平台、系统之间的数据融会贯通功能几乎没有，这就需要从以下几个方面去完善：第一，广泛开展农户调研，增加农户需要的操作功能，特别是进行生产预期的监测、产量的估计、市场信息等内容，使得农户可以实时掌握生产、市场之间的各类信息，实现信息之间的有效对称。第二，根据新疆特色，开发多种语言版本的应用平台，可以更好地增加新疆农户的使用范围，也可以更广覆盖新疆的农村，让所有农户可以享受到数据要素带来的红利。第三，拓展平台、系统的功能，为了减少"数据烟囱"带来的数据交换受限的问题，需要在平台、系统之间设置相关的功能进行数据的交流互换，通过数据互换可以对整体的数据进行检验，从而为更加有效地利用数据提供依据。

9.2.7 推进数字技术的创新应用

第一，增加对数字技术创新企业的支持力度，首先需要加大对疆内外数字企业的引进力度，创造良好的营商环境；其次需要加大对数字企业的扶持力度，重点培育涉农或者多产业融合的数字经济龙头企业，扩大对传统产业进行数字化转型的资金支持，主动引导亟须转型的企业与数字技术企业的交流与合作，共同搭建数字平台，提升转型企业的数字化水平。第二，应充分利用数字技术，研发精准、便携、高效的数字化农用机械设备。加大数字化农用机械购置补贴政策的力度，降低农业生产经营主体的生产成本，提高数字技术覆盖率。加强对数字化农业机械的推广使用，特别是要增强企业责任感，在数字化农业机械技术推广过程中做好技术服务体系的配套，切实保障新疆农户都可以享受数字化农业机械带来的便捷。配套数字化农业机械相关的平台系统实现功能全覆盖的模式，特别是在具体操作事项中可以选择多种操作语言是推进使用数字化农业机械最迫切需要关注的问题。第三，积极推动核心数字技术的研发，根据本地产业发展需求，紧紧抓住核心数字技术的"牛鼻子"，提高数字技术基础研发能力，借助本地高校与内地高校建立长久合作关系，深入推进农业产业人工智能技术的研发。

9.3 总结及展望

本书的研究结果主要体现在以下几个方面：第一，深化对新疆数据要素应用的研究。通过构建指标体系对新疆42个县市的数据要素应用水平进行系统全面的分析，将42个县市划分为数据要素应用发达地区、中等发达地区、低发达地区和欠发达地区，可以直观地展示新疆县市之间的数据要素应用水平，从而为各县市未来发展数据要素提供一个可以了解发展情况的参考。第二，拓宽了数据要素对农村经济发展的研究区域。数据要素是伴随着数字经济发展需要的新兴产物，越是欠发达地区越是需要借助"后发优势"，通过研究可以补充完善欠发达地区农村应用数据要素发展的模式选择和要素配置情况，此外，通过实证验证了数据要素对农村经济发展的促进作用，为新疆未来利用数据要素发展农村经济提供政策建议。第三，完善了数据要素应用的研究体系。首先本书以数据要素对农村经济发展的作用机理进行理论分析，并通过要素协同的方式分析了数据要素和传统要素融合的必要性，然后从数据要素对要素配置、农村经济发展的作用进行实证验证，研究结果证明数据要素对要素配置、农村经济发展具有显著的促进作用，进一步完善了数据要素研究的体系。第四，总结了数据要素应用农村经济发展的模式选择，通过调研掌握的案例进行归类分析，从多个角度分析现阶段新疆各县市在数据要素应用取得的成效和存在的问题，并根据存在问题提供可行性政策建议，切实加强理论与实践的相互融合。

回顾本书的研究过程，本书还存在以下的问题：第一，本书缺乏对产业结构的考量，数据要素对农业、林业、畜牧业等不同产业结构的作用都是一样还是别有洞天，这点是本书未能全面考量的。第二，由于可获得数据的局限性使得在构建指标时缺失了一部分关于电商直播的指标设计，这部分数据一般是由平台掌握，故存在"数据烟囱"，也从侧面说明建立数据共享平台的重要性，缺失的数据虽通过其他指标代替，但是对于研究整个农村经济发展中数据要素应用情况还不够深入。第三，本书的案例是基于笔者走访了29个县市获得的，没有做到对新疆42个县市全面覆盖，故对典型案例的发掘还不够深入，也是笔者的遗憾所在。

对于数据要素方面研究的展望：第一，需要重新考量构建相关的研究方法，重新建立数据要素与不同产业之间的影响关系，做到更加全面具体地分析数据要素对"三农"问题的研究。第二，积极参与数字经济、数据要素等相关课题的研究，同时积极参加相关的论坛，通过课题组获取更多的资料，以便在完善数据要素的研究指标前提下，更加全面地构建数据要素评价体系。第三，借助自己的优势，完成42个县市的实地调研，更真切地感受到新疆42个县市对数据要素应用的不同模式，完善研究的案例，并通过案例总结符合新疆借助数据要素发展经济的模式。此外，促进数字经济的发展是当前时代的主要任务，而农村工作是一切工作的根基，所以大力提升数据要素在农村经济发展中的作用。本书中对农业农村数字化经济的现状进行了总结分析，从农民、社会和政府等方面分析存在的问题，并提出了根本性的解决对策和建议，希望能够从本质上改善农村数字经济发展的不足，为数据要素驱动农村经济发展助力。

参考文献

［1］新科技观察．美国政府的大数据计划［EB/OL］．（2012－03－29）
［2022－01－23］．https：//www.sohu.com/a/127161244_472897.

［2］CAICT 互联网法律研究中心．美国白宫《联邦数据战略和 2020 年
行动计划》概述［EB/OL］．（2020－01－13）［2022－01－23］．www.secrss.
com/articles/16595.

［3］创新研究报告．欧洲数据和人工智能战略：塑造欧洲的数字未来
［EB/OL］．（2020－02－19）［2022－01－23］．http://www.cecc.org.cn/news/
202106/557400.html.

［4］中共中央办公厅，国务院办公厅．数字乡村发展战略纲要
［EB/OL］．（2019－05－16）［2022－01－23］．http：//www.gov.cn/zhengce/
2019-05/16/content_5392269.htm.

［5］中共中央办公厅，国务院办公厅．"十四五"数字经济发展规划
［EB/OL］．（2021－12－12）［2022－01－23］．https：//www.gov.cn/zhengce/
content/2022-01/12/content_5667817.htm.

［6］新华网．北京大学新农村发展研究院联合阿里研究院发布《县域数

字乡村指数（2018）》［EB/OL］．（2020－09－29）［2022－01－23］．
https：//www. saas. pku. edu. cn/xwzx/xwdt/346244. htm.

　　［7］靖继鹏，马哲明．信息经济测度方法分析与评价［J］．情报科学，
2003（08）：785-791.

　　［8］王济昌．现代科学技术名词选编［M］．郑州：河南科学技术出版
社，2006.

　　［9］许竹青，郑风田，陈洁．"数字鸿沟"还是"信息红利"？信息的
有效供给与农民的销售价格——一个微观角度的实证研究［J］．经济学（季
刊），2013，12（04）：1513-1536.

　　［10］李希明，土丽艳，金科．从信息孤岛的形成谈数字资源整合的作
用［J］．图书馆论坛，2003（06）：121-122+61.

　　［11］杨文溥．数字经济与区域经济增长：后发优势还是后发劣势？
［J］．上海财经大学学报，2021，23（03）：19-31+94.

　　［12］杨新铭．数字经济：传统经济深度转型的经济学逻辑［J］．深圳大
学学报（人文社会科学版），2017，34（04）：101-104.

　　［13］陈晓红，李杨扬，宋丽洁等．数字经济理论体系与研究展望［J］．
管理世界，2022，38（02）：208-224+13-16.

　　［14］徐振剑，吕拉昌，辛晓华．中国城市数字经济发展空间分异及其
影响因素［J］．经济纵横，2023（08）：71-79.

　　［15］寇爽．技术引领下我国农村数字经济与农业经济的有效融合研究
［J］．农业经济，2021（06）：12-14.

　　［16］赵西三．数字经济驱动中国制造转型升级研究［J］．中州学刊，
2017（12）：36-41.

　　［17］裴莹，郭周明．数字经济推进我国中小企业价值链攀升的机制与

政策研究［J］. 国际贸易，2019（11）：12-20+66.

　　［18］田野，叶依婷，黄进等. 数字经济驱动乡村产业振兴的内在机理及实证检验——基于城乡融合发展的中介效应［J］. 农业经济问题，2022（10）：84-96.

　　［19］曲甜，黄蔓雯. 数字时代乡村产业振兴的多主体协同机制研究——以 B 市 P 区"互联网+大桃"项目为例. 电子政务，2021（01）：114-124.

　　［20］潘雅茹，龙理敏. 数字经济驱动实体经济质量提升的效应及机制分析［J］. 江汉论坛，2023（08）：40-49.

　　［21］任保平，贺海峰. 中国数字经济发展的空间分布及其特征［J］. 统计与信息论坛，2023，38（08）：28-40.

　　［22］中国信息通信研究院. 数据要素白皮书（2022 年）［EB/OL］.（2023-01）［2023-05-10］. http：//www.caict.ac.cn/kxyj/qwfb/bps/202301/t20230107_413788.htm.

　　［23］李海舰，赵丽. 数据成为生产要素：特征、机制与价值形态演进［J］. 上海经济研究，2021（08）：48-59.

　　［24］易宪容，陈颖颖，位玉双. 数字经济中的几个重大理论问题研究——基于现代经济学的一般性分析［J］. 经济学家，2019（07）：23-31.

　　［25］李晓华. 数字经济新特征与数字经济新动能的形成机制［J］. 改革，2019（11）：40-51.

　　［26］魏远山. 我国数据权演进历程回顾与趋势展望［J］. 图书馆论坛，2021，41（01）：119-131.

　　［27］殷浩栋，霍鹏，汪三贵. 农业农村数字化转型：现实表征、影响机理与推进策略［J］. 改革，2020（12）48-56.

［28］Goldfarb, A., Tucker, C. Digital Economics ［J］. Journal of Economic Literature, 2019, 57 (01): 3-43.

［29］Jones, C. I., Tonetti, C. Nonrivalry and the Economics of Data ［J］. American Economic Review, 2020, 110 (09): 2819-2858.

［30］Sidorov, A., Senchenko, P. Regional Digital Economy: Assessment of Development Levels ［J］. Mathematics, 2020, 8 (12): 2143.

［31］Liu, S. Targeted Pathand Policy Supply for High-Quality Development of China's Digital Economy ［J］. Economist, 2019, (06): 52-61.

［32］Hannila, H., Silvola, R., Harkonen, J., Haapasalo, H. Data-driven Begins with DATA; Potential of DataAssets ［J］. Journal of Computer Information Systems, 2022, 62 (01): 29-38.

［33］Ji - fanRen, S., FossoWamba, S., Akter, S., Dubey, R., Childe, S. J. Modelling Quality Dynamics, Business Value and Firmperformance in a Big Data Analytics Environment ［J］. International Journal of Production Research, 2017, 55 (17): 5011-5026.

［34］Lim, C., Kim, K. H., Kim, M. J., Heo, J. Y., Kim, K. J., Maglio, P. P. From Data to Value: A Nine-factor Framework for Data-based Value Creationin in formation-intensive Services ［J］. International Journal of Information Management, 2018, 39: 121-135.

［35］Qu, J., Simes, R., O'Mahony, J. How Do Digital Technologies Drive Economic Growth? ［J］. Economic Record, 2017, 93 (S1): 57-69.

［36］Li, C. Preliminary Discussionon the Connotation of Digital Economy ［J］. E-Government, 2017 (09): 84-92.

［37］杜丽娟. 全国政协委员曲永义：数字经济是驱动产业高质量发展

的关键力量［N］.中国经营报，2023-03-06（A02）.

［38］宁朝山.数字经济、要素市场化与经济高质量发展［J］.长白学刊，2021（01）：114-120.

［39］郭晗，廉玉妍.数字经济与中国未来经济新动能培育［J］.西北大学学报（哲学社会科学版），2020，50（01）：65-72.

［40］张于喆.数字经济驱动产业结构向中高端迈进的发展思路与主要任务［J］.经济纵横，2018（09）：85-91.

［41］聂进.中小企业信息技术采纳影响因素研究［M］.北京：科学出版社，2010.

［42］刘玉奇，王强.数字化视角下的数据生产要素与资源配置重构研究——新零售与数字化转型［J］.商业经济研究，2019（01）：5-7.

［43］王欣.信息产业发展机理及测度理论与方法研究［M］.长春：吉林大学出版社，2010.

［44］温涛，陈一明.数字经济与农业农村经济融合发展：实践模式、现实障碍与突破路径［J］.农业经济问题，2020（07）：118-129.

［45］彭继增，陶旭辉，徐丽.我国数字化贫困地理集聚特征及时空演化机制［J］.经济地理，2019，39（02）：169-179.

［46］左鹏飞，陈静.高质量发展视角下的数字经济与经济增长［J］.财经问题研究，2021（09）：19-27.

［47］费方域，闫自信，陈永伟，杨汝岱，丁文联，黄晓锦.数字经济时代数据性质、产权和竞争［J］.财经问题研究，2018（02）：3-21.

［48］杨宝珍，吴旻倩.数字乡村战略背景下乡村经济发展的优势、困境与进路［J］.农业经济，2021（07）：38-40.

［49］尹振涛，陈媛先，徐建军.平台经济的典型特征、垄断分析与反

垄断监管［J］. 南开管理评论，2022，25（03）：213-226.

［50］熊巧琴，汤珂. 数据要素的界权、交易和定价研究进展［J］. 经济学动态，2021（02）：143-158.

［51］赵新伟，王琦. 我国数字经济发展空间演进及地区差距分解［J］. 统计与决策，2021（17）：25-28.

［52］孙杰，苗振龙，陈修颖. 中国信息化鸿沟对区域收入差异的影响［J］. 经济地理，2019，39（12）：31-38.

［53］熊兴，余兴厚，陈伟. 西部地区信息产业对区域经济增长的贡献分析［J］. 宁夏社会科学，2016（02）：89-94.

［54］洪高伟. 数字经济与农业农村经济融合发展：实践模式，现实障碍与突破路径［J］. 农业工程技术，2021，41（03）：81-82.

［55］Delong J B. Thetriumph of Monetarism［J/OL］. Journal of Economic Perspectives，2000（04）．［2020-02-08］. http：//www. j-bradford-de-long. net/Econ_ Articles/monetarismhtml.

［56］王建冬，童楠楠. 数字经济背景下数据与其他生产要素的协同联动机制研究［J］. 电子政务，2020（03）：22-31.

［57］李海艳. 数字农业创新生态系统的形成机理与实施路径［J］. 农业经济问题，2022（05）：49-59.

［58］钟真，刘育权. 数据生产要素何以赋能农业现代化［J］. 教学与研究，2021（12）：53-67.

［59］唐文浩. 数字技术驱动农业农村高质量发展：理论阐释与实践路径［J］. 南京农业大学学报（社会科学版），2022（02）：1-9.

［60］慎丹，杨印生. 吉林省农产品电商产业集聚对产业全要素生产率的影响研究——基于阿里巴巴平台数据［J］. 数理统计与管理，2020，39

（03）：385-396.

[61] 罗浚文，李荣福，卢波．数字经济、农业数字要素与赋能产值——基于 GAPP 和 SFA 的实证分析 [J].农村经济，2020（06）：16-23.

[62] 姜磊．应用空间计量经济学 [M].北京：中国人民大学出版社，2020.

[63] 苏世亮，李霖，翁敏．空间数据分析 [M].北京：科学出版社，2019.

[64] 任莉颖．用问卷做实验：调查—实验法的概述与操作 [M].重庆：重庆大学出版社，2018.

[65] 全国科学技术名词审定委员会．全国科学技术名词审定委员会大数据新词发布试用 [EB/OL]．（2020-07-23）［2023-05-10］.http：//www.cnterm.cn/xwdt/tpxw/202007/t20200723_570712.html.

[66] 曾燕．数据资源与数据资产概论 [M].北京：中国社会科学出版社，2022.

[67] 新华社．关于构建更加完善的要素市场化配置体制机制的意见 [EB/OL]．（2020-03-30）［2023-05-10］.https：//www.gov.cn/zhengce/2020-04/09/content_5500622.htm.

[68] 中华人民共和国公安部．信息安全技术—网络安全等级保护定级指南 [EB/OL]．（2019-04-03）［2023-05-10］.https：//nic.yangtzeu.edu.cn/info/1063/1385.htm.

[69] 浙江省人民代表大会常务委员会．浙江省数字经济促进条例 [EB/OL]．（2020-12-24）［2023-05-10］.https：//jxt.zj.gov.cn/art/2020/12/24/art_1229123459_4349621.html.

[70] 中国信通院．数据价值化与数据要素市场发展报告（2021）

［EB/OL］.（2021-06-03）［2023-05-10］. http：//www. 199it. com/archives/1253595. html.

［71］魏江，杨洋，邬爱其，陈亮等. 数字战略［M］. 杭州：浙江大学出版社，2021.

［72］Adner R，Puranam P，Zhu F. What Is Different About Digital Strategy? From Quantitative to Qualitative Change ［J］. Strategy Science，2019，4（4）：253-261.

［73］武腾. 数据资源的合理利用与财产构造［J］. 清华法学，2023，17（01）：154-171.

［74］腾讯研究院. 数实共生：未来经济白皮书（2021）［EB/OL］.（2021-01-20）［2023-05-10］. https：//aimg8. dlssyht. cn/u/551001/ueditor/file/276/551001/1618218866175746. pdf.

［75］戚聿东，肖旭. 数字经济概论［M］. 北京：中国人民大学出版社，2022.

［76］新华社. 中华人民共和国国民经济和社会发展第十四个五年规划和2035年远景目标纲要［EB/OL］.（2021-03-13）［2023-05-10］. https：//www. gov. cn/xinwen/2021-03/13/content_5592681. htm.

［77］人民日报海外版. 关于构建数据基础制度更好发挥数据要素作用的意见［EB/OL］.（2022-12-21）［2023-05-10］. https：//www. gov. cn/zhengce/2022-12/21/content_5732906. htm.

［78］新华社. 关于做好2023年全面推进乡村振兴重点工作的意见［EB/OL］.（2023-02-13）［2023-05-10］. https：//www. gov. cn/xinwen/2023-02/13/content_5741361. htm.

［79］徐斌，李燕芳，杨玉梅. 论生产要素与生产力要素的差别［J］. 生

产力研究，2006（03）：91-93.

[80] 马克思. 资本论（第1卷）[M]. 北京：人民出版社，2004.

[81] 石榴云. 温铁军领衔！乡村振兴两智库落户克拉玛依市乌尔禾区[EB/OL].（2023-05-11）[2023-07-10]. https：//www. sohu. com/a/6748 46638_364628.

[82] 于立，王建林. 生产要素理论新论——兼论数据要素的共性和特性[J]. 经济与管理研究，2020，41（04）：62-73.

[83] 张昕蔚. 数字经济条件下的创新模式演化研究[J]. 经济学家，2019（07）：32-39.

[84] 田杰棠，刘露瑶. 交易模式、权利界定与数据要素市场培育[J]. 改革，2020（07）：17-26.

[85] 马费成，吴逸姝，卢慧质. 数据要素价值实现路径研究[J]. 信息资源管理学报，2023，13（02）：4-11.

[86] 王谦，付晓东. 数据要素赋能经济增长机制探究[J]. 上海经济研究，2021（04）：55-66.

[87] 蔡跃洲，马文君. 数据要素对高质量发展影响与数据流动制约[J]. 数量经济技术经济研究，2021，38（03）：64-83.

[88] 宋冬林，孙尚斌，范欣. 数据成为现代生产要素的政治经济学分析[J]. 经济学家，2021（07）：35-44.

[89] 宁朝山. 数字经济、要素市场化与经济高质量发展[J]. 长白学刊，2021（01）：114-120.

[90] 蔡跃洲，张钧南. 信息通信技术对中国经济增长的替代效应与渗透效应[J]. 经济研究，2015，50（12）：100-114.

[91] 裴长洪，倪江飞，李越. 数字经济的政治经济学分析[J]. 财贸经

济，2018（09）：5-22.

[92] 石良平，王素云，王晶晶．从存量到流量的经济学分析：流量经济理论框架的构建［J］．学术月刊，2019，51（01）：50-58.

[93] 创意农业微频道．"数字农业"到底是什么？［EB/OL］．（2019-10-11）［2023-05-10］．zhuanlan. zhihu. com/p/86045967.

[94] 张耀一．数字农业高质量发展的国际经验及其启示［J］．技术经济与管理研究，2022（10）：93-98.

[95] G20 官网．二十国集团数字经济发展与合作倡议［EB/OL］．（2016-09-20）［2023-05-10］．http：//www. g20chn. org/hywj/dncgwj/2016 09/t20160920_3474. html.

[96] 孙敬水．数字农业——21 世纪新型农业模式［J］．农村经济，2002（05）：1-3.

[97] 唐世浩，朱启疆，闫广建等．关于数字农业的基本构想［J］．农业现代化研究，2002（03）：183-187.

[98] 农业农村部信息中心课题组．数字农业的发展趋势与推进路径［J］．中国农业文摘—农业工程，2020，32（05）：3-4.

[99] 农业农村部中央网络安全和信息化委员会办公室关于印发《数字农业农村发展规划（2019—2025 年）》的通知［J］．中华人民共和国农业农村部公报，2020（02）：33-41.

[100] 钟文晶，罗必良，谢琳．数字农业发展的国际经验及其启示［J］．改革，2021（05）：64-75.

[101] 阮俊虎，刘天军，冯晓春等．数字农业运营管理：关键问题、理论方法与示范工程［J］．管理世界，2020，36（08）：222-233.

[102] 朱岩，田金强，刘宝平，于志慧．数字农业［M］．北京：知识产

权出版社，2020.

[103] 孙忠富，杜克明，郑飞翔等．大数据在智慧农业中研究与应用展望 [J]．中国农业科技导报，2013，15（06）：63-71.

[104] 刘丽伟，高中理．美国发展"智慧农业"促进农业产业链变革的做法及启示 [J]．经济纵横，2016（12）：120-124.

[105] 甘甜．"互联网+"背景下传统农业向智慧农业转型路径研究 [J]．农业经济，2017（06）：6-8.

[106] 胡亚兰，张荣．我国智慧农业的运营模式、问题与战略对策 [J]．经济体制改革，2017（04）：70-76.

[107] 侯秀芳，王栋．新时代下我国"智慧农业"的发展路径选择 [J]．宏观经济管理，2017（12）：64-68.

[108] 王丽．智慧农业背景下农业全产业链发展路径探索 [J]．农业经济，2018（04）：6-8.

[109] 蒋璐闻，梅燕．典型发达国家智慧农业发展模式对我国的启示 [J]．经济体制改革，2018（05）：158-164.

[110] 赵春江．智慧农业发展现状及战略目标研究 [J]．智慧农业，2019，1（01）：1-7.

[111] 郑大睿．我国智慧农业发展：现状、问题与对策 [J]．农业经济，2020（01）：12-14.

[112] 殷浩栋，霍鹏，肖荣美等．智慧农业发展的底层逻辑、现实约束与突破路径 [J]．改革，2021（11）：95-103.

[113] 杨小凯，张永生．新兴古典发展经济学导论 [J]．经济研究，1999（07）：67-77.

[114] 陈书静．经济学的时间及其革命 [J]．经济学家，2006

（03）：21-28.

　　［115］苏剑．经济发展的内在逻辑和正确路径——写在林毅夫《新结构经济学》出版之际［J］．经济研究，2012，47（11）：157-159.

　　［116］林毅夫，付才辉．比较优势与竞争优势：新结构经济学的视角［J］．经济研究，2022，57（05）：23-33.

　　［117］林毅夫．新结构经济学——重构发展经济学的框架［J］．经济学（季刊），2011，10（01）：1-32.

　　［118］付才辉．新结构经济学理论及其在转型升级中的应用［J］．学习与探索，2017（05）：133-145+2.

　　［119］Harrod，R. An Essayin Dynamic Theory［J］. Economic Journal，1939（49）：14-33.

　　［120］Domar，E. Capital Expansion，Rate of Growth，and Employment［J］. Econometrica，1946（14）：137-147.

　　［121］Solow，Robert M. A Contribution to the Theory of Economic Growth［J］. Quarterly Journal of Economics，1956，70（01）：65-94.

　　［122］Romer，P. Increasing Returnsand Long-run Growth［J］. Journal of Political Economy，1986，94（05）：1002-1037.

　　［123］Luca，R. Onthe Mechanism of Economic Development［J］. Journal of Monetary Economics，1988（22）：3-42.

　　［124］靳光华，孙文生．新经济增长理论及其对中国农村经济发展的启示［J］．农业技术经济，1998（04）：2-6.

　　［125］严成樑，龚六堂．熊彼特增长理论：一个文献综述［J］．经济学（季刊），2009，8（03）：1163-1196.

　　［126］蔡昉．理解中国经济发展的过去、现在和将来——基于一个贯通

的增长理论框架［J］. 经济研究，2013，48（11）：4-16+55.

［127］罗润东. 改革开放后我国经济增长与发展理论的演进轨迹［J］. 南开学报，2004（02）：44-50.

［128］徐翔，赵墨非. 数据资本与经济增长路径［J］. 经济研究，2020，55（10）：38-54.

［129］藤田昌久，保罗·克鲁格曼等. 空间经济学——城市、区域与国际贸易［M］. 北京：中国人民大学出版社，2011.

［130］杨吾扬. 经济地理学、空间经济学与区域科学［J］. 地理学报，1992（06）：561-569.

［131］安虎森. 空间经济学的一些理论问题［J］. 河北经贸大学学报，2021，42（01）：71-78+89.

［132］杨竹莘. 区域经济差异理论的发展与演变评析［J］. 工业技术经济，2009，28（08）：63-68.

［133］李仁贵. 区域经济发展中的增长极理论与政策研究［J］. 经济研究，1988（09）：63-70.

［134］房艳刚，刘继生，程叶青. 农村区域经济发展理论和模式的回顾与反思［J］. 经济地理，2009，29（09）：1530-1534.

［135］吴宸梓，白永秀. 数字技术赋能城乡融合发展的作用机理研究——基于马克思社会再生产理论视角［J/OL］. 当代经济科学：1-11［2023-09-11］. http：//kns. cnki. net/kcms/detail/61. 1400. F. 20230612. 1601. 002. html.

［136］张峰. 马克思社会再生产理论视野下的畅通国民经济循环［J］. 当代经济研究，2022（03）：27-34.

［137］崔晓露. 两部门扩大再生产模型探讨——基于马克思社会再生产

理论［J］. 经济问题，2013（05）：10-14. DOI：10. 16011/j. cnki. jjwt. 2013. 05. 014.

［138］王国刚. 社会再生产理论不应忽视投资环节［J］. 经济学家，1998（03）：118-119.

［139］［美］西奥多·W. 舒尔茨. 改造传统农业［M］. 北京：商务印书馆，2006.

［140］中国现代化战略研究课题组. 中国现代化报告 2012——农业现代化研究综述：现代农业的新机遇［C］. 中国现代化战略研究课题组，中国科学院中国现代化研究，2012：2-15.

［141］国家信息中心，国家电子政务外网管理中心. 国内外农业现代化理论及我国的实践［EB/OL］.（2018-01-26）［2023-05-10］. www. sic. gov. cn/News/456/8813. htm.

［142］黄国桢. "农业现代化"再界定［J］. 农业现代化研究，2001（01）：48-50.

［143］［美］彼得·德鲁克. 卓有成效的管理者［M］. 北京：机械工业出版社，2011.

［144］王世英. 长根理论：颠覆木桶原理的成长法则［J］. 现代管理科学，2016（12）：115-117.

［145］王建冬，于施洋，黄倩倩. 数据要素基础理论与制度体系总体设计探究［J］. 电子政务，2022（02）：2-11.

［146］蔡继明，刘媛，高宏等. 数据要素参与价值创造的途径——基于广义价值论的一般均衡分析［J］. 管理世界，2022，38（07）：108-121.

［147］丁晓东. 数据交易如何破局——数据要素市场中的阿罗信息悖论与法律应对［J］. 东方法学，2022，（02）：144-158.

[148] 贾利军, 郝启晨. 基于马克思地租理论的数据生产要素研究 [J]. 经济纵横, 2023 (08): 1-11.

[149] 刘文革, 贾卫萍. 数据要素提升经济增长的理论机制与效应分析——基于新古典经济学与新结构经济学的对比分析 [J]. 工业技术经济, 2022, 41 (10): 13-23.

[150] 孔艳芳, 刘建旭, 赵忠秀. 数据要素市场化配置研究: 内涵解构、运行机理与实践路径 [J]. 经济学家, 2021, (11): 24-32.

[151] 王小兵, 康春鹏, 董春岩. 对 "互联网+" 现代农业的再认识 [J]. 农业经济问题, 2018 (10): 33-37.

[152] 张勋, 万广华, 张佳佳, 何宗樾. 数字经济、普惠金融与包容性增长 [J]. 经济研究, 2019 (08): 71-86.

[153] 张蕴萍, 栾菁. 数字经济赋能乡村振兴: 理论机制、制约因素与推进路径 [J]. 改革, 2022 (05): 79-89.

[154] 丁煌, 马小成. 数据要素驱动数字经济发展的治理逻辑与创新进路——以贵州省大数据综合试验区建设为例 [J]. 理论与改革, 2021 (06): 128-139.

[155] 薛楠, 韩天明, 朱传言. 数字经济赋能乡村农业振兴: 农业平台生态系统的架构和实现机制 [J]. 西南金融, 2022 (03): 58-67.

[156] 何广文, 刘甜. 乡村振兴背景下农户创业的金融支持研究 [J]. 改革, 2019 (09): 73-82.

[157] 冯科. 数字经济时代数据生产要素化的经济分析 [J]. 北京工商大学学报 (社会科学版), 2022, 37 (01): 1-12.

[158] 冯鹏程. 大数据时代的组织演化研究 [J]. 经济学家, 2018 (03): 57-62.

［159］易加斌，李霄，杨小平等．创新生态系统理论视角下的农业数字化转型：驱动因素、战略框架与实施路径［J］．农业经济问题，2021（07）：101-116.

［160］新疆维吾尔自治区国民经济综合统计处．新疆维吾尔自治区第三次全国国土调查主要数据公报［EB/OL］．（2022-01-20）［2023-05-10］．https：//tjj. xinjiang. gov. cn/tjj/wjtz/202201/68170344947f45afbed5cddfbae49d9f. shtml.

［161］新疆维吾尔自治区国民经济综合统计处．2021 年新疆水资源公报［EB/OL］．（2023-08-27）［2023-09-10］．https：//slt. xinjiang. gov. cn/slt/szygb/202309/1f67821dd19e45c1b9dc6af53ea42d43. shtml.

［162］新疆维吾尔自治区国民经济综合统计处．2021 年新疆统计年鉴［EB/OL］．（2022-03-01）［2023-05-10］．https：//tjj. xinjiang. gov. cn/tjj/zhhvgh/list_ nj1. shtml.

［163］新疆维吾尔自治区国民经济综合统计处．新疆维吾尔自治区第七次全国人口普查主要数据［EB/OL］．（2021-06-14）［2023-05-10］．https：//tjj. xinjiang. gov. cn/tjj/tjgn/202106/4311411b68d343bbaa694e923c2c6be0. shtml.

［164］新疆维吾尔自治区国民经济综合统计处．新疆维吾尔自治区 2022 年国民经济和社会发展统计公报［EB/OL］．（2023-03-24）［2023-05-10］．https：//tjj. xinjiang. gov. cn/tjj/tjgn/202303/6fc01f2b37a84efaa38fd34363c0a84e. shtml.

［165］新疆数字经济研究．新疆数字经济发展研究报告（2022）［EB/OL］．（2023-08-20）［2023-09-10］．https：//ems. xju. edu. cn/kxyj/4. htm.

[166] 谢康，夏正豪，肖静华．大数据成为现实生产要素的企业实现机制：产品创新视角 [J]．中国工业经济，2020（05）：42-60．

[167] 荆文君，孙宝文．数字经济促进经济高质量发展：一个理论分析框架 [J]．经济学家，2019（02）：66-73．

[168] 何宗樾，宋旭光．数字经济促进就业的机理与启示——疫情发生之后的思考 [J]．经济学家，2020（05）：58-68．

[169] 傅泽．数字经济背景下电商直播农产品带货研究 [J]．农业经济，2021（01）：137-139．

[170] 慎丹，杨印生．吉林省农产品电商产业集聚对产业全要素生产率的影响研究——基于阿里巴巴平台数据 [J]．数理统计与管理，2020，39（03）：385-396．

[171] 牛剑平，杨春利，白永平．中国农村经济发展水平的区域差异分析 [J]．经济地理，2010，30（03）：479-483．

[172] 李晔，郭三党，刘斌等．区域农村经济发展水平的综合评价 [J]．农业技术经济，2010（04）：92-99．

[173] 任卓娜，王健，宋继娜．农村经济发展水平的综合评价研究 [J]．中国农机化，2011（02）：37-39+43．

[174] 李喜梅．中国农村经济发展水平的分形评价 [J]．经济纵横，2008（12）：80-82．

[175] 陈煜，刘云强，王芳．农村经济区域发展水平时空差异变动趋势及影响因素分析——基于四川省五大经济区面板数据 [J]．农村经济，2020（05）：50-57．

[176] 智慧农业物联网．新疆数字棉花：人工智能与现代农业的完美结合 [EB/OL]．（2022-01-06）[2023-05-10]．http：//www.iotworld.com.

cn/html/News/202201/96d7d87194612b52. shtml.

[177] 车辉. 数字农场进，村民走上致富路［EB/OL］.（2019-07-17）
［2020-05-10］. https：//cnews. chinadaily. com. cn/a/201907/17/WS5d2
ecc06a3106bab40a010e1. html.

[178] 贾元洪. 电商扶贫让克州农产品"走向"全国［EB/OL］.
（2020-02-09）［2022-07-10］. https：//www. sohu. com/a/406910763_1000
00319#：~：text=.

[179] 新疆维吾尔自治区商务厅. 阿克苏市电子商务产业园［EB/OL］.
（2019-11-29）［2023-5-28］. https：//dzswgf. mofcom. gov. cn/news/27/
2020/6/1591068867986. html.

[180] 中新网新疆. 新疆阿克苏市：1 至 3 月实现网络交易额 7.7 亿元
［EB/OL］.（2023-04-07）［2023-5-28］. http：//www. xj. chinanews. com.
cn/dizhou/2023-04-07/detail-ihcnfhwu7058636. shtml.

[181] 杨丹等. 智慧农业实践［M］. 北京：人民邮电出版社，2019.

[182] 澎湃新闻. "体力活"变"智力活"，智慧大棚"亚克西"
［EB/OL］.（2023-05-07）［2023-05-10］. https：//www. thepaper. cn/news-
Detail_forward_22968366.

[183] 郭玲. 走进沙雅农机合作社——智慧农业的动能从哪里来
［EB/OL］.（2022-06-16）［2022-11-28］. tuopin. ce. cn/news/202206/16/
t20220616_37765367. shtml.

[184] 中新网新疆. 新疆洛浦：网红新秀首次直播带货突破 47.84 万元
［EB/OL］.（2023-04-04）［2023-05-10］. http：//www. xj. chinanews. com.
cn/dizhou/2023-04-04/detail-ihcnfhwu7055024. shtml.

[185] 中国县域经济报. 柯坪无人机蓄势待"飞"［EB/OL］.（2023-

03-13）［2023-05-10］. https：//www. xyshjj. cn/newspaper-2023-3-13-7-21292243. html.

［186］新华网. 新疆移动：5G 融百业　数智迎"疆"　来喀什移动"智慧农业"加快推进乡村振兴［EB/OL］.（2022-09-22）［2022-11-28］. http：//news. cn/info/20220922/d8120d55b55c4e609e799b6831dac13f/c. html.

［187］中国喀什网. 疏勒县：大力发展智慧农业　让现代农业插上科技翅膀［EB/OL］.（2022-10-21）［2022-11-28］. http：//www. kashi. gov. cn/ksdqxzgs/c106692/202210/80ddf89950754c8b9de43aa20d264328. shtml.

［188］马丽娟. 库尔勒：智慧农业赋能乡村振兴［EB/OL］.（2021-04-8）［2023-5-28］. https：//www. sohu. com/a/552846261_121391967.

［189］马伊宁."疆陶农哥"将新疆农产品推向全国［EB/OL］.（2022-05-31）［2023-5-28］. https：//new. qq. com/rain/a/20210408A0CHQU00.